10 CIT♥S EXTRAORDINARIAS

PARA VIGORIZAR TU MATRIMONIO

10 CIT♥S
EXTRAORDINARIAS
PARA VIGORIZAR TU MATRIMONIO

Vida®

DAVID y CLAUDIA ARP

10 CITAS EXTRAORDINARIAS PARA
VIGORIZAR TU MATRIMONIO
Edición en español publicada por
Editorial Vida – 2008
Miami, Florida

Traducción al español
© 2007 David y Claudia Arp
www.marriagealive.com

Originally published in the U.S.A. under the title:
10 Great Dates to Energize Your Marriage
Copyright © **1997** por **David & Claudia Arp**
Published by permission of Zondervan, Grand Rapids, Michigan.

Traducción: *Translation Solutions, Inc.*
Diseño interior: *Good Idea Productions, Inc.*

ISBN - 978-0-8297-5515-2

Categoría: Vida cristiana / Amor y matrimonio

Impreso en Estados Unidos de América
Printed in the United States of America

09 10 11 12 ❖ 6 5 4 3 2

A nuestra querida amiga y mentora Vera Mace,
y en memoria de su esposo, David Mace

CONTENIDO

RECONOCIMIENTOS

Deseamos expresar nuestro profundo aprecio y nuestra gratitud a las siguientes personas:

- Las parejas que han participado en nuestros seminarios de Matrimonio Lleno de Vida y han compartido con nosotros sus esfuerzos e historias de éxito.

- Los investigadores y autores a los que citamos, por su trabajo responsable, que brinda una base sólida a la causa de la formación matrimonial.

- Mónica Hirst Steiner, Norma Vega de Hirst, y Erin Gastón Owen, nuestro increíble equipo de traductoras, quienes trabajaron juntas para darle vida a 10 Citas Extraordinarias en el idioma español.

- Margie Aguilar, Dan Craig y el excelente equipo de I.S.P. Industrial Strength Production Studios, quienes pudieron capturar la verdadera esencia de 10 Citas Extraordinarias y hacerlo tan pertinente para las parejas hispanas.

- Kelly Simpson, su esposo Rob Crawford que tan cariñosamente apoyó a lo largo de todo el proceso y a su extraordinario equipo de HARP, cuya visión y tenacidad hicieron del DVD que acompaña al libro un material divertido, fantástico y fácil de hacer.

- Alice Todd Foster, cuyos consejos y debida diligencia nos ayudaron a llevar a cabo este proyecto, a Rita Martin, que diseñó el formato de tal manera que permitió hacer de estas 10 Citas extraordinarias un material atractivo e interesante, y también a Jay Bailey, que se encontraba en el lugar correcto cuando necesitamos su ayuda con la publicación.

- Diane Sollee y Carolyn Curtis por su visión de extender 10 Citas Extraordinarias a la población de habla hispana, y también a Claudia y Oscar Sánchez de Tagle por dirigir en Sacramento (California) el programa piloto en español demostrando que realmente funciona.

- La Editorial Zondervan y nuestro maravilloso equipo, el publicista Scott Bolinder, las editoras Sandy Vander Zicht y Mary McNeil, y al grupo Zondervan New Media que ayudó a lanzar el programa original de 10 Citas Extraordinarias.

- A La Fundación Maclellen cuya generosidad al aportar con fondos permitió el desarrollo del libro original de 10 Citas Extraordinarias y también del libro *10 Great Dates for Black Coples.*

UNA NOTA PERSONAL

de Claudia y David

Volar sobre los glaciares y los campos de hielo de la Península Kenai de Alaska en una pequeña avioneta de seis asientos excedió nuestro límite de citas apasionantes. ¡Por cierto que esta fue una cita que ninguno de los dos habíamos considerado tener! Algunos lo llaman «turismo en vuelo». Claudia lo bautizó como «turismo de terror».

Si bien el tener continuas citas ha sido un hábito nuestro por años, nunca sabemos dónde nos llevará cada una. Nuestra cita de «turismo en vuelo» comenzó cuando nuestra amiga Eileen nos preguntó: «¿Cómo les parecería experimentar una cita extraordinaria en Alaska?» Siendo como somos una pareja aventurera, respondimos: «¡Vaya! ¿Dónde firmamos para poder ir?».

Lo siguiente que supimos era que estábamos en un avión rumbo a Anchorage, Alaska. Por supuesto había una condición: Debíamos dirigir varios seminarios de matrimonio y familia durante nuestra estadía en Alaska. Fue allí donde conocimos a otra pareja que también acostumbraba a tener citas, Clint y Sally, quienes nos contaron su historia:

«Después de nuestros primeros diez años mediocres de matrimonio decidimos que debíamos hacer algo que le diera chispa a nuestra relación, pero no estábamos seguros de cómo hacerlo», nos dijo Clint.

«Busqué recursos y descubrí un libro de 10 Citas», dijo Sally. «Clint no estaba seguro de que las citas nos ayudarían (típico pesimista), pero después de un poco de persuasión cariñosa estuvimos de acuerdo en probar».

Clint continuó con la historia: «Yo estaba indeciso. Habíamos tratado previamente de trabajar con otros materiales sobre el matrimonio con poco éxito. Soy maestro y lo que menos necesitaba era más tareas y trabajo, pero tengo que admitir que estas citas resultaron diferentes, eran divertidas y en ellas aprendimos nuevas habilidades matrimoniales, lo que elevó nuestro matrimonio varios escalones».

«Tener citas regulares» dijo Sally con una gran sonrisa, «¡ha mantenido nuestra relación vital y viva por más de una década! ¡Gustosamente nosotros les recomendamos a otras parejas que salgan juntos! De hecho hemos entregado por lo menos diez copias del libro original de citas a varios amigos».

¡VEN A VOLAR CONMIGO!

*¿E*stán buscando un poco de chispa? ¿Quieren que su matrimonio vuele alto? No es necesario ir a Alaska para ponerle emoción a su relación, pero sí necesitan encontrar algo de tiempo. ¿Cuándo fue la última vez que hablaron con su pareja por treinta minutos ininterrumpidos? ¿Quieren divertirse más con su pareja? ¿Tenían citas solo durante su noviazgo, antes de casarse?

Nosotros creemos que para tener una relación matrimonial sana y que crezca continuamente se requiere amistad, diversión y romance. ¡Y no hay mejor forma para lograr todas estas cosas que teniendo citas! Tener citas extraordinarias es más que solo ir al cine a ver una película y desconectarse del mundo por un rato. Tener citas extraordinarias involucra comunicarse de verdad el uno con el otro, reavivar esa chispa que originalmente encendió ese fuego entre ustedes, y desarrollar intereses mutuos y metas comunes que no estén enfocados en sus carreras profesionales ni en sus hijos.

Estas citas extraordinarias pueden revitalizar su relación de pareja. ¡Nosotros somos prueba de ello!

DIEZ CITAS PARA PAREJAS

*P*or más de tres décadas hemos trabajado muy duro en nuestro propio matrimonio. A través de nuestros propios éxitos y fracasos así como de la investigación y el estudio, hemos descubierto principios que nos han ayudado a construir una relación matrimonial fuerte.

Lo increíble es que hemos encontrado que uno de los indicadores claves de un matrimonio fortalecido es tener una sólida «amistad de pareja». ¿Y qué mejor forma de construir una estupenda amistad de pareja que salir con su cónyuge?

Así que para ayudar a las parejas a comenzar a tener citas juntos y hacer de su relación una prioridad, empezamos nuestros seminarios de Matrimonio Lleno de Vida y escribimos *Diez citas para cónyuges,* en inglés [Ten dates for mates] (este fue el libro que encontraron Clint y Sally), y luego *El camino del matrimonio,* también en inglés [The marriage track]. Por más de veinte años hemos compartido estos principios a través de nuestros libros y seminarios, y hemos ayudado a muchas parejas a construir relaciones matrimoniales fuertes y sólidas por medio de tener citas con su pareja; parejas como Ruth y David o como Alicia y Jeff.

«Habíamos estado casados por nueve años», nos dijo Ruth, «cuando encontramos su libro y empezamos nuestras citas, durante nuestras primeras diez salidas aprendimos cómo llevar una vida más tranquila y resolver los conflictos más fácilmente. Estas citas le dieron un verdadero empuje a nuestra relación. Años más tarde aún mantenemos esta práctica y nuestras citas continúan dándonos la oportunidad de escapar por un momento de nuestra agitada vida y trabajar en mejorar nuestro matrimonio. Además esto resulta muy divertido. ¡Hemos hecho algunas locuras durante nuestras citas, como caminar bajo la lluvia hasta empaparnos, o bailar en el pasillo de un supermercado al son de la música del altoparlante ante la curiosidad y la fascinación de las personas!».

«Las citas revolucionaron nuestro matrimonio», dijo Jeff. «Hace años cuando cursaba la facultad de medicina, nuestro matrimonio entró en crisis. Trabajar veinte horas al día no ayudaba en nada. Alicia y yo nos estábamos convirtiendo en perfectos desconocidos, y conociendo bien las estadísticas de divorcio en la comunidad médica, nos dimos cuenta de que debíamos hacer algo para mejorar nuestra relación. Fue en ese tiempo cuando encontramos su libro *Diez citas para cónyuges*. El libro revitalizó nuestro matrimonio cuando este estaba en peligro de fracasar. Las diez citas consecutivas formaron en nosotros un hábito. ¡Años más tarde aún las practicamos! Hasta empezamos nuestro propio club de citas con amigos y hemos obsequiado muchos de sus libros. Nuestras propias copias ya hace mucho tiempo que están ajadas. «¿Cómo podemos encontrar más?».

Tuvimos el placer de informarle a Jeff que aunque ya no existía el libro original *Diez citas para cónyuges*, con la excepción de algunas copias estropeadas de tanto uso, estábamos recopilando nueva información para diez nuevas y mejores citas para vigorizar las relaciones matrimoniales.

De nuestro trabajo para el enriquecimiento matrimonial y nuestra interacción con muchas parejas a través de los años hemos desarrollado diez citas extraordinarias basadas en las diez áreas que infundirán a su matrimonio una nueva vitalidad. Cada cita se enfocará en un área específica para poder mantener un matrimonio próspero y con vida.

Las primeras tres citas se enfocan en cómo desarrollar su propio sistema para poder encarar los conflictos que se presenten. Estar comprometidos a crecer y a cambiar juntos a través de los años requiere trabajar en el sistema de comunicación y tener habilidades para procesar la ira y resolver los conflictos en forma positiva. Las siguientes citas les ayudarán a motivarse el uno al otro, a desarrollar una sólida unión basada en sus fortalezas individuales, y también a construir una vida amorosa creativa.

Serán desafiados a trabajar juntos, y a compartir responsabilidades, a enriquecer su matrimonio mientras se encuentran criando a sus hijos, y a desarrollar una intimidad espiritual. Entonces aprenderán cómo tener un matrimonio con propósito. Al mismo tiempo que disfrutan sus diez citas extraordinarias pueden aprender a vigorizar su relación... ¡y divertirse en el proceso!

¡Y AHORA COMIENZA LA DIVERSIÓN!

*L*a segunda parte de este libro es su guía personal de citas. Si no están seguros de a dónde ir o qué hacer, ¡no se preocupen! Hemos incluido muchas sugerencias creativas, tanto nuestras como de otras parejas que acostumbran a tener citas.

Aunque el plan de citas de Matrimonio Lleno de Vida está diseñado para parejas, también es apropiado para grupos. Si ustedes saben que necesitan el apoyo de otros, recluten a otras parejas para que también tengan sus propias citas junto con ustedes. Además está disponible un material completo de video para crear su propio club de «Salidas nocturnas para parejas».

CÓMO APROVECHAR AL MÁXIMO SU EXPERIENCIA CON LAS CITAS

*L*ean el capítulo correspondiente antes de cada cita. Encontrarán un breve resumen del capítulo en la guía de cada cita, para usarlo si alguno de los dos no ha podido leer el capítulo entero. En la guía de las citas también encontrarán temas para discusión y ejercicios cortos que les ayudarán a enfocarse en mejorar su relación.

Luego disfruten de la cita. En un ambiente relajado (preferentemente lejos de interrupciones) tendrán la oportunidad de hablar, de conectarse, y de refinar una habilidad específica para mejorar su matrimonio. Lo más importante es la aplicación práctica durante la cita. Sus diez citas extraordinarias serán divertidas y harán que su matrimonio tenga una nueva vitalidad con energía y entusiasmo.

¿DARÁ REALMENTE RESULTADO?

*L*a diferencia entre leer un libro o lograr que realmente su matrimonio se enriquezca depende de su participación! Las estadísticas nos dicen que se necesitan tres semanas para eliminar o adquirir un nuevo hábito y seis semanas para sentirse cómodo con ello. Nosotros sugerimos diez citas para lograr crecer en intimidad y mejorar su relación. Además las citas se convertirán en un hábito nuevo que les beneficiará en su matrimonio incluso por mucho tiempo después de haber terminado este libro.

¡ME HAN CONVENCIDO! ¿CÓMO PUEDO EMPEZAR?

Los siguientes diez pasos les ayudarán a vivir sus citas en forma positiva:

1. Pónganse de acuerdo con su pareja para tener diez citas, no importa quién encontró el libro o de quién fue la idea. Lo importante es que ambos estén dispuestos a tener diez citas para enriquecer el matrimonio.

2. Programen sus citas y escríbanlas en sus agendas.

3. Despejen su horario durante el tiempo de las citas. Esto quizás signifique tener que contratar a una niñera y dejar a un lado algunas tareas que parezcan urgentes.

4. Prevean posibles imprevistos. A pesar de planificarlo todo muy bien, a veces los niños se enferman o se presentan otro tipo de problemas inesperados, por lo que se verán obligados a cambiar de planes. Cuando esto suceda, vuelvan a programar la cita para la misma semana, perseveren, verán que sí es posible lograrlo. Valoren el tiempo que pasan juntos. Nuestros amigos Florence y Charlie saben lo que significa perseverar. Ellos planearon un fin de semana fuera para leer este libro. Charlie hizo las reservaciones del hotel y Florence buscó una niñera y cocinó por adelantado. Pero a último momento su hija contrajo varicela. ¡La segunda vez la niñera se enfermó! Solo después del tercer intento pudieron llevar a cabo su objetivo.

5. Anticipen cada cita. Déjele saber a su pareja acerca de su entusiasmo en cuanto a pasar tiempo juntos. Sean ingeniosos, mándense notas y muéstrense con indirectas que anhelan una cita extraordinaria con su pareja.

6. Antes de la cita lean el resumen corto del capítulo y anoten los puntos claves para discutir. Si llenan el ejercicio corto antes de la cita, tendrán más tiempo para una conversación íntima. De lo contrario, también pueden realizar el ejercicio durante la cita.

7. Sigan nuestra guía simple para cada cita. Solo una advertencia: durante la cita no usen tiempo para tratar con sus problemas. ¡También si tienen hijos déjenlos con la niñera, y no mencionen sus nombres hasta que acabe la cita!

8. Manténganse positivos. Tómense de las manos, abrásense. Resulta difícil ser negativos cuando están tomados de la mano. Planeen cada cita tomando en cuenta algo que les guste hacer. Nosotros, por ejemplo, cuando queremos hablar, tenemos una cita de «Caminar y Hablar» y solemos ir al parque o a nuestra cafetería favorita por dos tazas de capuchino.

9. Enfóquense en el futuro. Aunque discutan de temas del pasado, deben enfocarse en el futuro. Háganse preguntas como: ¿qué hemos aprendido de lo sucedido que pueda ser determinante durante la siguiente semana o el próximo mes?

10. ¡Comiencen! Los buenos matrimonios requieren tiempo. Nosotros hemos encontrado que la clave para construir un matrimonio exitoso es en realidad tomarse el tiempo para trabajar en la relación. Tal vez al igual que nosotros estén esperando ganarse un crucero todo pagado de una semana para dos, o que los hijos crezcan, o que milagrosamente les caigan del cielo veinticuatro horas de tiempo ininterrumpido que incluyan cupones para una cena íntima a media luz y luego una noche en un hotel de lujo. A todos nos gustaría ganarnos obsequios como estos, pero en realidad la mayoría tenemos una vida muy agitada. Es por esto que hemos creado estas citas que son sencillas, prácticas interactivas y divertidas.

COMPROMÉTANSE

*D*iez citas extraordinarias solo darán resultado si se comprometen a vivirlas.

Como la gran mayoría de las cosas de la vida que valen la pena, enriquecer un matrimonio requiere tiempo. Solo las buenas intenciones no son suficientes. Un compromiso por escrito puede ayudarles a cumplir sus buenas intenciones. Usen el siguiente formulario de compromiso para sellar mutuamente su promesa. Se alegrarán de haberse dado este tiempo para alentarse, motivarse y valorarse el uno al otro.

Recuerden que el ayer ya pasó y el mañana está en el futuro. El hoy es lo único con lo que realmente contamos, por eso se le conoce como «el presente». ¡Así que dense el uno al otro el presente de 10 Citas Extraordinarias!

SELLAR UN COMPROMISO

Yo estoy de acuerdo en invertir tiempo para enriquecer nuestro matrimonio experimentando 10 Citas Extraordinarias.

Firmado:

Marido:..
Mujer:...
Fecha:...

Primera Parte

10 CITAS EXTRAORDINARIAS

ESCOGER UN MATRIMONIO CON ALTA PRIORIDAD

«¿*P*or qué nos hacemos esto a nosotros mismos?», preguntó Claudia completamente frustrada. «Nadie planea que se le reviente un neumático», respondí, conduciendo el auto hacia la orilla de la carretera. Pero mi lógica no logró consolar a Claudia. Ella ya había llegado más allá de la objetividad y la lógica. Sentados en nuestro auto averiado, nos encontrábamos completamente frustrados. Nuestras tres semanas en Europa no estaban saliendo como lo habíamos planeado.

Haber sido los presentadores de dos seminarios consecutivos de Matrimonio Lleno de Vida [*Marriage Alive*] en dos diferentes países nos había dejado exhaustos. Y como si eso no hubiera sido suficiente, las aventuras de aquel día solo aumentaron nuestro estrés. Habíamos pasado ocho horas en el carro, conversando con Tim y Francis sobre cómo podrían ellos sobrevivir la adolescencia de sus cuatro hijos.

Ahora, ya muy tarde, lo único que deseábamos hacer era volver a nuestro hotel y tirarnos en la cama. No obstante, mientras manejábamos por el empinado y sinuoso camino oscuro a través de las montañas alpinas, chocamos contra algo. La sacudida repentina y el andar dificultoso confirmaron nuestros temores, una piedra puntiaguda había pinchado el neumático.

El momento no pudo haber sido más inoportuno. La brisa nocturna se sentía helada y el pequeño auto alquilado estaba cargado hasta el tope con nuestro equipaje y comestibles. A la mañana siguiente íbamos a comenzar una semana de vacaciones en los Alpes austriacos. ¡Pero ahí estábamos! Nuestro hotel no quedaba a una distancia que nos permitiera llegar caminando. Hacía frío, y estábamos demásiado cansados como para descargar el auto y buscar un neumático de repuesto, así es que manejamos hasta el hotel con el neumático desinflado. A la mañana siguiente, antes de poder empezar nuestras vacaciones, tuve que cambiar la llanta.

Pero nuestra historia no termina aquí. Más tarde ese mismo día llegamos a nuestro chalet en las montañas. Dos horas después, Claudia comenzó a sentir molestias en la espalda. El dolor se intensificó. Trató de caminar para aliviarlo, sin resultado. La semana transcurrió sin que pudiéramos hacer nada porque Claudia estaba literalmente inmovilizada

A veces el matrimonio nos recuerda esa experiencia en los Alpes austriacos. Viajamos sobrecargados y con mucha tensión. Hablamos de encontrar el tiempo para reorganizarnos y descansar a lo largo del camino, pero antes de poder lograrlo, sufrimos una contrariedad. Es posible que ustedes aún no hayan experimentado en su matrimonio una llanta reventada de tal magnitud. Quizás se trate más bien de un escape lento de aire. Pero deben saber que si desean continuar creciendo, tendrán que dedicarle tiempo y atención a su matrimonio. Durante nuestro matrimonio de treinta y cuatro años, hemos experimentado las dos cosas.

NUESTRA CRISIS MATRIMONIAL

Años atrás llegamos a un momento crítico en nuestro matrimonio. En 1973 nos mudamos a Alemania debido a mi trabajo como asesor en una compañía internacional. Yo estaba muy entusiasmado con el cambio; no así Claudia. Ella extrañaba su país, su familia, sus amigos y los pañales de la marca Pampers. Con tres niños pequeños, no teníamos ni niñera ni la oportunidad de «un día libre para mamá» (en algunos lugares hay servicios que se ocupan de cuidar a los niños mientras las mamás se toman el día libre). Aún no hablábamos alemán, y estuvimos sin teléfono durante ocho meses.

Lo que sí teníamos era tiempo para pasar juntos. Pero si bien estábamos cerca físicamente, en lo emocional estábamos muy lejos el uno del otro. Nos sentíamos desconectados. Solos. Aislados. Antes de mudarnos a Alemania, nuestro matrimonio había sido motivo de orgullo para nosotros, mas con el paso de los años, pequeños moluscos habían ido incrustándose en nuestro barco matrimonial. Esos pequeños moluscos llegaron a ser más que evidentes a medida que se calmaban las olas de actividad. De repente teníamos tiempo para hablar, tiempo para encarar las cosas a las que no les habíamos prestado atención anteriormente.

Una mañana, sentados a la mesa en la cocina, nos miramos. En ese instante nos dimos cuenta de la gran distancia que existía entre nosotros.

«David, siento que ya ni siquiera te conozco», comentó Claudia, mirándome desde el otro lado de la mesa y estallando en llanto. «No me siento cómoda aquí. No sé hablar alemán. Nuestros hijos no tienen amigos, ¿y qué pasó con la amistad que existía entre nosotros? Ahora que contamos con tiempo suficiente para conversar, ¿qué tenemos que decirnos el uno al otro?»

«Claudia, sé que el estrés y la presión de mudar a una familia de cinco personas al otro lado del mundo en seis semanas han dejado sus huellas», respondí, «pero también sé que nos amamos. Podemos encontrar una solución».

En lo que sí estábamos de acuerdo aquella mañana era en la necesidad de reorganizarnos. Nos amábamos y estábamos dedicados a nuestro matrimonio, pero los últimos meses, en vez de unirnos, nos habían alejado el uno del otro. Ambos deseábamos renovar nuestra relación y acercarnos el uno al otro.

Aquella mañana de un sábado, con dos tazas de café, decidimos comenzar de nuevo. Empezamos a hablar de nuestra relación y a enfocarnos en los recuerdos positivos. Paulatinamente, la conversación nos iba conduciendo al momento en que nos conocimos. Hablamos de lo que nos había atraído al uno del otro. Mi personalidad tolerante y mi habilidad especial para escuchar a la gente, y las ideas y energía sin límites de Claudia. (De alguna manera, después de casados, habíamos cambiado lo positivo por lo negativo. Estas cualidades se convirtieron en la lentitud en mi caso y en la incapacidad de enfocarse bien por estar comprometida con demásiados proyectos en el caso de Claudia.) Hablamos de la primera vez que salimos y de nuestra certeza, tres semanas después, de que habíamos encontrado nuestra «media naranja». A medida que conversábamos, revivíamos una parte de nuestras vidas que había quedado en el olvido. Y al enfocarnos en los recuerdos positivos, logramos abordar los problemás del presente. Por primera vez hicimos un buen inventario de nuestro matrimonio y hablamos a fondo de nuestra relación, en qué dirección íbamos y hasta dónde queríamos llegar. Identificamos tres metas para nuestro matrimonio.

TRES METAS PARA NUESTRO MATRIMONIO

*N*uestra primera meta consistía en examinar y evaluar la condición actual de nuestro matrimonio. Sin darnos cuenta, nos habíamos distanciado. Ambos sentíamos que estábamos solos y aislados. Es posible estar casados y aún sentirnos solos, es decir, tener una cercanía física, pero una distancia emocional. Al reflexionar sobre la historia de nuestro matrimonio antes de llegar a Alemania, nos percatamos de que los momentos en que nos sentimos más solos y desconectados eran los momentos en que más ocupados estábamos. Solíamos bromear acerca de nuestra relación de «puerta de entrada»: cuando uno de nosotros entraba por la puerta, el otro le encargaba los niños y salía. Ambos teníamos demásiados compromisos y responsabilidades fuera del hogar. Decíamos repetidamente que necesitábamos buscar el tiempo para hablar a fondo de ciertos problemás, pero nos fue difícil encontrar ese tiempo hasta que nos mudamos a Alemania. Entonces no supimos qué hacer con él. Necesitábamos enfocarnos en un objetivo.

La segunda meta que nos fijamos fue la de establecer metas a largo plazo para nuestro matrimonio: pensar en las características que queríamos ver en nuestro matrimonio seis meses, un año, o cinco años más tarde. ¿Qué valores queríamos ver reflejados en nuestro matrimonio cuando celebráramos nuestro quincuagésimo aniversario? Comenzamos a proponernos metas muy alcanzables y a avanzar hacia cada una, paso a paso. Cada meta que alcanzaríamos nos animaría a seguir adelante.

Uno de los primeros pasos fue sugerir un plan más justo con respecto a los quehaceres vespertinos. Estuve de acuerdo en encargarme de bañar y leerles una historia a nuestros hijos antes de acostarlos mientras Claudia se encargaba de la cocina. Después de pasar todo el día con los niños, ella necesitaba un relevo. Además, invertimos en un lavaplatos automático que, en aquel tiempo en Alemania, se consideraba un lujo. Para nosotros, fue algo imprescindible para nuestro matrimonio. Ya con los niños en la cama y la cocina en orden, tendríamos tiempo para nosotros.

Las cosas no siempre resultaron como lo habíamos planeado, pero procuramos una vez a la semana acostar temprano a los niños y tener una romántica cena para dos a la luz de las velas. Había veces en que sencillamente estábamos demásiado cansados como para conversar, pero otras, estas cenas a solas sirvieron de catalizador para conversaciones íntimas y compartir momentos especiales. Y a pesar de lo difícil que era encontrar quién nos cuidara a los niños, empezamos a programar salidas juntos una vez al mes.

Nuestra tercera meta consistió en aprender nuevas formas de comunicación o aprender a utilizar las que ya poseíamos pero no usábamos, tales como la habilidad de en verdad escuchar al otro y no simplemente pensar en qué responder cuando el otro dejaba de hablar. También nos concentramos en cómo tratar el enojo y el conflicto. Era difícil no atacarnos el uno al otro, pero cuando dedicamos el tiempo necesario para tranquilizarnos e intentar resolver las dificultades juntos, nuestra relación fue fortaleciéndose. A menudo, el problema no radicaba únicamente en saber qué hacer, sino en poner en práctica lo que ya sabíamos. El establecer metas nos ayudó mucho a volver a encarrilarnos por el camino correcto. De esta manera pudimos reafirmar que teníamos un matrimonio sólido, reconociendo a la vez que esto implicaba mucho trabajo y que los resultados no se presentarían de la noche a la mañana. Descubrimos que el matrimonio es un viaje, no un lugar de destino, y hasta la fecha seguimos trabajando para tener un matrimonio de alta prioridad.

¿RECUERDAN CUANDO...?

Años atrás, en Alemania, descubrimos que cuando nos enfocábamos en nuestros recuerdos positivos, eso nos recordaba lo importante que era nuestro matrimonio. Y al recordar nuestro romance se encendía nuevamente la llama. ¿Ha desaparecido el romance en su matrimonio? Deténganse brevemente para pensar en aquel momento en que no soportaban estar separados. ¿Recuerdan la primera vez que se vieron? Jamás nos olvidaremos del momento en que nos vimos por primera vez. ¡Claudia tenía trece años y yo, un joven de quince años, recuerdo que la arrojé a la piscina con la ropa puesta! Pero la primera vez que nos sentimos atraídos el uno por el otro fue durante el verano antes de que Claudia empezara la universidad. Luego de concluir mi primer año en la Universidad Tecnológica de Georgia, había vuelto una vez más a pasar el verano en casa de mi abuela, quien vivía en el mismo pueblo pequeño en el norte del estado de Georgia donde Claudia se crió. Mi pícara personalidad estaba todavía a flor de piel, era también amante de la diversión, audaz y un hombre universitario. Por otro lado la personalidad vivaracha de Claudia, su entusiasmo por la vida y la chispa en sus ojos resultaron irresistibles para mí.

¿Qué fue lo que más le llamó la atención de su pareja cuando se conocieron por primera vez? ¿Qué fue lo que atrajo a su pareja de usted? ¿Cómo fue su primera salida? ¿Recuerdan ustedes la primera vez que hablaron de la posibilidad de casarse? La primera vez que nosotros hablamos de casamiento fue durante los años universitarios. La crisis por los misiles en Cuba traumatizó al país y también a nosotros. Los proyectiles rusos iban rumbo a Cuba, y los Estados Unidos ya tenían preparado el bloqueo. Estábamos convencidos de que el mundo iba a terminar estallando y que existía la posibilidad de que nunca llegaríamos a vivir como marido y mujer. Por lo tanto, dos meses después nos casamos durante la época de Navidad, sin el beneficio de los cursos prematrimoniales, las sesiones de consejería, ni los demás recursos disponibles hoy en día para ayudar a las parejas.

¿Qué recuerdan del día de su boda? Nosotros reaccionamos en formas completamente diferentes. Claudia estaba tan nerviosa que durmió muy poco la víspera de la boda, yo en cambio tomé una siesta una hora antes de la ceremonia, ¡y si no hubiera sido por mi padre que me despertó, hubiera faltado a mi propia boda!

Piensen en el primer lugar al que llamaron «hogar». Nuestro primer hogar fue un departamento pequeño en un sótano. Todavía estábamos en la universidad y teníamos muebles de segunda mano, ¡incluso una cama con tablillas demasiado cortas que no dejaban de caerse!

Piensen en los momentos en que se sintieron especialmente unidos como pareja. Puede haber sido durante el nacimiento de un hijo, un fin de semana romántico que pasaron fuera de casa, o una caminata en la playa.

Es divertido pensar en nuestra historia como pareja y recordar la emoción que sentimos al darnos cuenta de que estábamos enamorados. Los recuerdos nos ayudan a tener presente cuán importante es nuestro matrimonio y por qué queremos seguir fortaleciendo nuestra relación. Nos impulsan a darle a nuestro matrimonio un lugar de alta prioridad. Esperamos que el revivir sus memorias como pareja les ayude a afirmar que su matrimonio también tiene alta prioridad. Bien, entonces, ¿cómo podemos continuar fortaleciendo nuestro matrimonio?

TRES PRINCIPIOS FUNDAMENTALES PARA LOGRAR UN MATRIMONIO DE ALTA PRIORIDAD

Nuestra encuesta nacional sobre los matrimonios duraderos reveló que los matrimonios sanos y llenos de vida tienen tres características en común. Primero, la relación matrimonial está por encima de todo. Segundo, ambos esposos se comprometen a seguir creciendo y cambiando juntos. Tercero, ambos se esmeran en mantenerse unidos. En este capítulo, queremos examinar la forma en que estos tres principios fundamentales ayudarán a lograr que su matrimonio tenga alta prioridad. No prestar atención a cualquiera de estos tres principios podría perjudicar su matrimonio.

Pongan su matrimonio en primer lugar

Cuando contraemos matrimonio, prometemos apoyarnos mutuamente en la salud y en la enfermedad, hasta que la muerte nos separe. Se trata tanto de un acto físico como de una decisión de preferir a nuestra pareja por encima de todas las demás personas.

En una boda reciente a la que asistimos, quedamos impresionados por la forma en que los padres de familia presentaron a los novios, recalcando lo importante que es afirmar, desde el inicio, la prioridad que tiene el matrimonio. La presentación fue más o menos de la siguiente manera:

Celebrante: La unión de esta pareja une a dos tradiciones familiares, a dos sistemas de raíces, con la esperanza de que de ahí crezca un nuevo árbol genealógico, fuerte y fructífero. La de ellos es una preferencia personal y una decisión de la cual son los principales responsables. Sin embargo, su vida será enriquecida por el apoyo que reciban de sus familias. Ustedes, como padres de los novios, ¿alentarán a esta pareja en su matrimonio?

Padres de los novios: Lo haremos.

Celebrante: ¿Celebran con ellos la decisión que han tomado de elegirse el uno al otro?

Padres de los novios: La celebramos.

Celebrante: ¿Seguirán apoyándolos, poniéndose a su lado y no en medio de ellos?

Padres de los novios: Lo haremos.

Patricia nos contó: «Harry y yo no nos llevamos bien durante los primeros meses de nuestro matrimonio. Después de una pelea muy desagradable, recuerdo haber llamado a mi madre ya que deseaba volver a su casa. Mi mamá se negó a recibirme. «Te casaste con Harry», me dijo, «simplemente tendrán que resolver el problema».

Volver a casa de su madre no era una opción. Patricia tenía que aprender a resolver las diferencias con su esposo Harry. Ella tenía que cortar el cordón umbilical emocional que aún la unía a su madre.

A veces resulta difícil para los padres pasar a un segundo plano y no dar consejos ni interferir. Sin embargo, a lo largo del matrimonio, los esposos necesitan volver a enfocar sus vidas continuamente en su pareja, dándole una prioridad más alta a la relación que tienen con esta persona en comparación a las demás relaciones. Y no se trata tan solo de los parientes políticos. Si uno permite que su trabajo, los hijos, los deportes, los pasatiempos o cualquier otra cosa ocupen un lugar más importante del que ocupa su pareja, nada de lo que pueda comprar o darle a su cónyuge será verdaderamente satisfactorio.

¿Hay algo en su vida que debe relegar a un segundo plano, comparado con la relación con su pareja? ¿Qué tal su trabajo? ¿O sus hijos? ¿Qué tal sus pasatiempos, amigos o programas de televisión? ¿Tiene demasiados compromisos en cuanto a sus actividades comunitarias, eclesiásticas o cívicas? Nosotros conocimos a un esposo que se había comprometido a asistir a una actividad diferente todas las noches de la semana. A no ser que estén dispuestos a concederle una más alta prioridad a su matrimonio que a cualquier otra relación o actividad, no tendrán un matrimonio que continúe creciendo.

La mayoría de nosotros estamos probablemente de acuerdo en que el matrimonio debería ocupar un lugar de prioridad en nuestras vidas, pero a veces aun cuando tratamos de que sea así, al pasar los días, horas y minutos, la realidad es otra. Cindy y Doug, por ejemplo, tienen tres niños activos, el mayor de los cuales tiene apenas cuatro años de edad. A veces los afecta el estrés de ser padres de niños tan pequeños. «De verdad intentamos hacer que nuestra relación tenga prioridad», dice Cindy. «La semana pasada me fue muy difícil encontrar a alguien que nos cuidara a los niños un rato para poder salir a solas a comer a un restaurante. Pero al llegar, lo único que pudimos hacer fue sentarnos y mirarnos. Los dos estábamos demasiado exhaustos para conversar».

El amor requiere un delicado balance. Hay cosas que podemos controlar y otras que están fuera de nuestro control. Un excelente libro escrito por los doctores Henry Cloud y John Townsend, *Boundaries* [Límites] de Editorial Vida, puede ayudarles a encontrar el equilibrio apropiado en su vida sin sentirse culpables.

Si quitamos gradualmente las diversas actividades y compromisos que requieren tiempo, ¿qué encontramos debajo? ¿Piensan con nostalgia en su pareja con frecuencia? ¿Utilizan con sabiduría el tiempo que tienen disponible? Les dijimos a Cindy y a Doug que probablemente necesitaban ir a algún lugar a dormir en vez de forzar una conversación durante una cena cuando estaban tan cansados. Sugerimos que trataran de salir solos por un período de veinticuatro horas y hasta nos ofrecimos a hacer el trabajo del lechero (Cindy todavía estaba amamantando, así que les ofrecimos «recoger» y «entregar» la leche materna).

¿Cómo está su situación actual? ¿Hay cosas que deben poner en un segundo plano para que su matrimonio ocupe un lugar preeminente? Por ejemplo, al planear las actividades de las próximas semanas, ¿por qué no incluyen oportunidades para tener una salida romántica como pareja? Luego pueden ir agregando actividades a su criterio, tales como jugar al golf, salir de compras u ofrecerse como voluntarios en actividades comunitarias.

Comprométanse a crecer juntos

Formar un matrimonio de alta prioridad implica comprometerse a crecer y cambiar juntos durante toda la vida. A menos que estén verdaderamente comprometidos con su matrimonio, es fácil darse por vencidos cuando surgen problemas en el camino. Quien haya estado casado por unos pocos días sabe que los problemas siempre aparecerán. No hay matrimonio que no tenga dificultades, pero lo que marca la diferencia entre los que florecen y los que fracasan es el compromiso de crecer juntos y esforzarse por resolver todos los problemas que surjan.

El compromiso de crecer va más allá de simplemente seguir juntos. Se trata también de que cada uno se dedique a adaptarse a las necesidades cambiantes de su pareja. Elaine reveló: «Sam y yo solo llevamos seis años de casados, pero ambos hemos cambiado mucho. Si continuamos cambiando de esta manera en los próximos seis años, temo que vayamos a distanciarnos el uno del otro. ¿Qué debemos hacer para poder triunfar a largo plazo?»

Elaine hizo la pregunta que hacen muchas personas: Le dijimos que «para construir un matrimonio que esté lleno de vitalidad y perdure, hay que estar dispuestos a crecer y adaptarse a las necesidades cambiantes de cada uno. En cierto modo, hay que adaptarse y cambiar continuamente para poder mantener la misma relación amorosa y llena de vida».

Si nos negamos a crecer y a cambiar, solo conseguiremos un matrimonio mediocre. El adaptarse el uno al otro requiere un sacrificio personal. Se necesita que el uno piense en el otro primero y que se busque la manera de crecer juntos y adaptarse a las cambiantes necesidades de cada uno.

Esto significa, además, ser el mejor amigo de su pareja, ser la persona en quien siempre se pueda confiar. ¿Qué hace en la actualidad para acoplarse a su pareja? ¿Tienen intereses en común? Si bien es cierto que pueden beneficiarse con sus diferencias, también podrán hacerlo con actividades que disfruten como pareja. Al participar en las diez citas, tendrán oportunidades para hablar de las cosas que les gustaría hacer juntos. En un matrimonio sano y lleno de vida, los esposos son amigos, tratan de comprenderse, adaptarse y crecer juntos.

Esfuércense en seguir unidos

En un matrimonio de alta prioridad, los esposos no solamente crecen juntos y se adaptan el uno al otro, sino que también se esmeran por mantenerse unidos. Desgraciadamente, hay muchas cosas que pueden apartarnos, entre ellas las responsabilidades excesivas y la falta de sueño. Claudia y yo tratamos de hacer todo lo posible por evitar las situaciones negativas. Por ejemplo, si notamos que nuevamente hemos contraído demasiadas obligaciones, procuramos disminuir la marcha y decir «no» cuando es necesario. Cuando tengan que tomar una decisión, pregúntense: «¿Esta acción o actitud va a ayudar a unirnos o va a crear una brecha en nuestra relación?»

Esforzarse en seguir unidos les ayudará a crear una íntima relación amorosa. En un matrimonio sano y lleno de vida, los esposos se complementan el uno al otro y gozan de una unidad singular a través de la unión sexual. Están comprometidos a fomentar el aspecto íntimo de su relación en todos los ámbitos, disfrutando el uno del otro de una manera plena. Se mantienen unidos, enfocándose en brindarse ayuda el uno al otro. Cualquier ayuda que le ofrecemos a nuestra pareja termina ayudando a nuestro matrimonio. Cada dolor, tristeza, insulto, falta de apoyo o lealtad, cada ocasión en que no ayudamos a nuestra pareja, se ve claramente reflejada en nuestro matrimonio. Tenemos la oportunidad de ser, durante toda la vida, la persona más positiva y que brinde más apoyo a nuestra pareja, y viceversa, Nosotros estamos dispuestos a seguir los tres principios: poner a nuestro matrimonio en primer lugar, crecer juntos y mantenernos unidos.

EL MATRIMONIO ES COMO UNA EMPRESA PRIVADA

Cuando se tiene como meta hacer del matrimonio una prioridad, ambos esposos tienen que estar dispuestos a compartir la carga y establecer una verdadera relación de cooperación como socios en una empresa privada. Seguimos siendo personas individuales y todavía nos importarán los demás, nuestras carreras profesionales, nuestra familia y amigos, pero continuamente tenemos que tomar la decisión de poner a nuestro matrimonio en primer lugar.

¿Dónde se encuentran en este proceso? ¿Son recién casados que apenas empiezan a aprender a hacer de su matrimonio una prioridad? Los buenos hábitos que van formando ahora enriquecerán su matrimonio en los años venideros.

¿O acaso se encuentran en una etapa en que les falta energía por tener que cuidar a niños pequeños o a adolescentes? Recuerden que sus hijos podrán esperar el tiempo necesario para que ustedes cuiden de su matrimonio, pero el matrimonio no podrá esperar hasta que sus niños sean grandes.

¿O será que están rodeados de hijos adultos, nietos y padres de edad avanzada? Aunque es posible que esta etapa sea difícil para la vida de su familia, deberán seguir invirtiendo en su matrimonio. Donde sea que estén, siempre va a haber obstáculos en la vida que les «roben tiempo».

Nuestros matrimonios nunca son una relación estática. Siempre van cambiando: florecen o se marchitan. Cuando nos descuidamos y no le damos prioridad a nuestro matrimonio, resulta fácil aburrirse. Según los investigadores, la causa principal del divorcio en la actualidad es la falta de atención al matrimonio. La vida está llena de tensiones. Y a veces la vida es simplemente muy dura. Pero los tiempos difíciles, al igual que los tiempos felices, pueden lograr que nos aferremos el uno al otro aun más si nos tomamos el tiempo para crecer juntos. Así que en este momento, el desafío consiste en buscar el tiempo para dedicarle al matrimonio. Aprovechen al máximo ese tiempo para disfrutar de sus 10 citas, y hacer de su matrimonio una relación de alta prioridad. Y ahora, ¡manos a la obra! Ha llegado el momento para una salida divertida con su pareja.

Pasen a la Primera Cita en la Guía de Citas de Matrimonio Lleno de Vida, ¡y prepárense para tener un matrimonio de alta prioridad!

APRENDER A HABLARSE

*P*ara determinar el tiempo promedio que dedican marido y mujer a hablar entre ellos en una semana común y corriente, se llevó a cabo un experimento.

Los participantes llevaron puestos micrófonos que grabaron cada palabra pronunciada, desde frases como: «Hola, ya estoy en casa», hasta preguntas como: «¿Dónde está el control remoto?» ¿Pueden creer que el tiempo promedio dedicado a la comunicación fue solo diecisiete minutos por semana?[1]

¿Qué ha ocurrido con la comunicación en el matrimonio? Ciertamente nadie se casa para luego tomar un voto de silencio. ¿Por qué dejamos de hablar con la persona que elegimos para pasar el resto de nuestra vida? Harry y Liz Brown mostraron la misma inquietud. En un seminario de Matrimonio Lleno de Vida, Harry compartió su frustración al comentar: «Puedo hablar con mi perro, pero no con mi esposa. Siempre sé cómo va a responder mi perro porque me muestra su amor constantemente, así que puedo contarle todo. Con Liz es otro cantar. Nunca sé cómo va a reaccionar».

«Harry acaricia con palmaditas al perro y pasa por mi lado sin prestarme ninguna atención», comentó Liz. «Me siento excluida e impotente, sin poder hacer nada». Liz ni siquiera lograba obtener sus diecisiete minutos.

TRES MODOS DE COMUNICACIÓN

*P*ara que los Brown crezcan juntos y lleguen a tener un matrimonio lleno de vida, necesitan aprender a comunicarse efectivamente. Solo por medio de un nivel de intimidad en la conversación entre los esposos se llegará a una relación matrimonial íntima. La palabra puede ayudar a fomentar una relación más estrecha, o puede destruir los cimientos mismos del matrimonio. Ustedes deciden. Un buen entendimiento de los siguientes tres modelos de comunicación les permitirá mejorar su habilidad para comunicarse y acostumbrarse a usar el modelo de comunicación más provechoso.

Primer modelo: La charla

La charla tiene que ver con las conversaciones triviales. «¿Dormiste bien?» «¿Qué te apetece cenar esta noche?» «¿Crees que va a llover hoy?» «No encuentro las llaves del auto. ¿Las has visto?» La charla forma parte de la conversación sana, y la usamos todos los días, pero si se convierte en el modo predominante de comunicación, surgirán problemas. La charla es inofensiva, nadie pierde los estribos, pero si la conversación no pasa de ese nivel, esta se convierte en un modo de comunicación superficial y aislante.

Segundo modelo: El enfrentamiento

Los doctores David y Vera Mace, autores y especialistas en matrimonio, tildan de «comunicación con aguijón» (que hiere) al modo de comunicación de enfrentamiento, el cual se usa para confrontar al cónyuge. En este modo de enfrentamiento utilizamos frases que empiezan con «tú» y hacemos preguntas en cuanto a «¿por qué?», tales como: «¿Por qué hiciste eso?» o «¿Por qué no piensas antes de hablar?» Atacamos a la otra persona sin ni siquiera darnos cuenta de lo que estamos haciendo.[2]

El problema surge cuando esta forma agresiva de comunicación se convierte en la norma de conducta. Cuando nosotros caemos en este tipo de conducta, cosa que puede ocurrirle a cualquiera, tratamos de salir de esto lo más pronto posible. Una manera de parar en seco este comportamiento es simplemente diciendo, «Ay, eso me pareció una 'comunicación con aguijón' hacia mí». Con esta frase se le hace saber a la otra persona que lo que nos acaba de decir, ya sea intencionalmente o no, hizo que nos sintiéramos atacados. Quien reaccione con sabiduría, se dará por aludido(a) y desistirá de hacerlo.

Durante un seminario reciente, al hablar del modo de comunicación de enfrentamiento, compartimos ideas sobre diferentes maneras de alertar a nuestra pareja.

Uno de los participantes sugirió que se usara la frase «¡luz roja!» cuando nos sintiéramos atacados. Aquella tarde durante uno de los recesos del seminario, Bill y Lillian, una pareja de participantes, decidieron salir de paseo en auto por la costa de California. Lillian manejaba. Había risa, alegría y romance en el aire cuando, de buenas a primeras, Ben dijo:

—¡Luz roja!

—¿Que? — Dijo Lillian, pensando si había dicho algo agresivo.

—¡Luz roja! —dijo Ben con más urgencia.

Perpleja, Lillian levantó la vista justo a tiempo para comprender lo que Ben quería decirle. ¡Ella estaba a punto de saltar la luz roja de un cruce muy importante! Así que si van a usar la frase «¡luz roja!» como señal, busquen otra para cuando manejen.

A fin de perder menos tiempo usando el modo de comunicación de enfrentamiento, los Maces sugieren que las parejas hagan un pacto para nunca atacarse intencionalmente el uno al otro. Aun así, de vez en cuando, todavía nos atacamos, pero ya no se trata de algo planeado. Claudia y yo hemos quedado en seguir dos normas sencillas:

1. No nos atacaremos intencionalmente el uno al otro.
2. No nos defenderemos a nosotros mismos. En aquellas ocasiones en que nos descuidamos y nos atacamos, quien se sienta atacado puede neutralizar el enfrentamiento al optar por hacer lo correcto y resistir el deseo de justificar o defender su posición.

Nuestro pacto nos ayuda a salir adelante y avanzar hacia un modo de comunicación más útil que puede enriquecer y profundizar nuestra relación.

Tercer modelo: El compañerismo

El modo de comunicación de compañerismo es la «canasta básica» de los modos de comunicación para un matrimonio sano, lleno de vida y floreciente. Con esto, podemos fortalecer los lazos matrimoniales, lograr una verdadera intimidad, convertirnos en compañeros muy unidos y resolver nuestras diferencias.

La comunicación de compañerismo empieza con la buena voluntad de compartir nuestra verdadera personalidad con nuestra pareja, de hacernos vulnerables permitiéndole a nuestra pareja conocer nuestros pensamientos y sentimientos más íntimos. El contrato que Claudia y yo tenemos para no atacarnos el uno al otro ni defendernos a nosotros mismos nos permite compartir nuestros verdaderos sentimientos.

Sabemos que el otro tratará con ternura lo que compartamos de nuestros sentimientos, que no se defenderá ni se justificará, y que no nos atacará cuando nos mostremos vulnerables. Esto abre las puertas para poder tener conversaciones verdaderamente íntimas. El compartir los sentimientos a un nivel más profundo nos ayuda a fomentar un fuerte sistema de comunicación que nos permite superar los problemás cuando estos se presentan.

CÓMO EXPRESAR LOS SENTIMIENTOS, TANTO POSITIVOS COMO NEGATIVOS

Queremos sugerir una fórmula sencilla para que expresen sus sentimientos. Durante muchos años la hemos usado en nuestro matrimonio, con nuestros hijos y con otras personas. Cuando se pone en práctica con la actitud apropiada, es una fórmula clara, sencilla y que no los va a intimidar.

«Permite que te diga cómo me siento».[3]

En la primera parte de la fórmula, uno dice de forma clara, directa y con amor: «Permite que te diga cómo me siento. Me siento...» (llenen el espacio con la palabra que mejor describa sus sentimientos: frustrado/a, enojado/a, solo/a, dolido/a, desilusionado/a, ansioso/a, feliz, alegre, y así por el estilo). Expresen sus sentimientos y emociones más sinceros y eviten atacar a la otra persona.

No confundan «*siento*» con «*creo*». Si pueden sustituir «*creo*» por «*siento*», lo que expresan no es un sentimiento. La frase: «Siento que tú me hieres» expresa un pensamiento y un juicio. Se trata del modo de comunicación de enfrentamiento disfrazado. Sería mucho mejor hablar de uno mismo y decir: «Me siento herido/a cuando esto sucede...» También pueden expresar sus sentimientos con la palabra «Estoy...», como por ejemplo: «Estoy herido/a porque esto sucede».

El autor Gary Smalley, en uno de sus seminarios al que asistimos hace unos años, dio una sugerencia fabulosa. Sugería la idea de pintar un cuadro, en términos figurativos, que ayudara a nuestra pareja a comprender nuestros sentimientos. Por ejemplo: «Cariño, ¿te acuerdas cuando trabajaste tan arduamente y durante tanto tiempo con aquella propuesta y que al entregarla a tu jefe solo la puso a un lado e hizo caso omiso de todo lo que habías preparado tan cuidadosamente? Así me sentí yo cuando pasé horas recopilando información sobre diferentes posibilidades para nuestras vacaciones y tú ni siquiera quisiste hablar de ello». ¡Zas! Su pareja vuelve a vivir los sentimientos que ya experimentó en carne propia, y ahora puede identificarse con esos sentimientos.

Recuerden que lo que se quiere es que expresen los sentimientos y emociones más sinceros de ustedes mismos sin atacar a la otra persona. Los sentimientos no son ni buenos ni malos, simplemente existen, pero es muy importante saber cómo se siente su pareja. Y esto nos lleva a la segunda parte de la fórmula.

«Ahora dime cómo te sientes tú».

Una vez que hayan dicho con claridad y amor cómo se sienten ustedes, sigan con: «Ahora dime cómo te sientes tú». Y entonces prepárense para escuchar. No juzguen los sentimientos de su pareja. ¡Recuerden que los sentimientos no son ni buenos ni malos!

Al hablar de esto en un seminario, uno de los participantes llamado Randy interrumpió: «Esperen un momento. ¿Cómo pueden decir que los sentimientos no son ni buenos ni malos? ¡Hay algunos sentimientos que son verdaderamente pecaminosos!»

Luego se entabló una plática estupenda sobre la diferencia entre cómo nos sentimos y cómo actuamos, y entre lo que es un pensamiento y lo que es un sentimiento verdadero. «A modo de ejemplo», prosiguió Randy, «cualquiera puede salirse con la suya diciendo: "No tengo ganas de ir a trabajar hoy", o "No tengo ganas de ser un esposo considerado", o "Me siento con ganas de tener una aventura amorosa"».

Antes de que pudiéramos responder, otro participante expresó: «Puede ser que nos sintamos de cierta manera, pero eso no justifica que hagamos algo malo o no hagamos lo correcto. No conservaría mi trabajo por mucho tiempo si le dijera a mi jefe: "No tengo ganas de ir a trabajar hoy"».

Otra persona continuó la discusión: «Estoy de acuerdo, pero tal vez la frase "No tengo ganas de ir a trabajar" no sea el sentimiento o asunto *verdadero*. Puede ser que simplemente esté agotado, que sienta que se están aprovechando de usted, o que esté aburrido de su trabajo».

«O podría ser», añadió otro participante, «que la frase "Tengo ganas de tener una aventura amorosa" indique, a un nivel más profundo, que "Estoy aburrido de mi matrimonio, me siento desconectado de mi pareja, o quiero más romance y diversión"».

Ahora sí procedíamos a examinar los sentimientos verdaderos.

Los sentimientos son frágiles y tenemos que tratarlos con cuidado. Sin embargo, si es posible llegar a la clave de la cuestión al compartirlos, podemos atacar el problema en vez de atacarnos el uno al otro y al mismo tiempo fortalecer nuestro propio matrimonio.

¿SIN VOCABULARIO PARA EXPRESAR LOS SENTIMIENTOS?

*L*as parejas que asistieron a aquel seminario comenzaron a captar la idea cuando James, un esposo de edad madura, dijo: «Todo esto me parece estupendo, pero aunque quisiera, no podría comunicar mis sentimientos, porque simplemente no tengo ese tipo de vocabulario. Mi padre decía solo tres palabras, ninguna de las cuales tenían que ver con sus sentimientos, y de tal palo, tal astilla».

Tuvimos una sesión creativa para ayudar a James a lanzarse a ese mundo de los sentimientos, dándole palabras para expresar sus emociones. Si ustedes, al igual que James, tienen dificultades para expresar sus sentimientos, tal vez les sirva esta lista para empezar.

Me siento…

dolido (a)	enojado (a)	frustrado (a)
feliz	amenazado (a)	solo (a)
confundido (a)	inspirado (a)	estresado (a)
amado (a)	deprimido (a)	seguro (a)
emocionado (a)	ansioso (a)	orgulloso (a)
menospreciado (a)	regocijado (a)	usado (a)
tranquilo (a)	atacado (a)	lleno (a) de energía
irritado (a)	triste	desamparado (a)
contento (a)	bien o mal informado (a)	responsable
abrumado (a)	alentado (a)	culpable
excluido (a)	hecho (a) pedazos	enfermo (a)
envidioso (a)	atrapado (a)	sofocado (a)
apabullado (a)	tenso (a)	traicionado (a)
nervioso (a)	sosegado (a)	tonto (a)
agradecido (a)	abusado (a)	asustado (a)
perplejo (a)	incomprendido (a)	solo (a)
apresurado (a)	agobiado (a)	temeroso (a)
optimista (a)	pesimista	entusiasmado (a)
aplastado (a)	paralizado (a)	aburrido (a)
desilusionado (a)	rechazado (a)	complacido (a)
incómodo (a)	despojado(a)	avergonzado (a)

¿Cuán cómodos se sienten con las palabras de esta lista? ¿Están dispuestos a intentar usar la fórmula para expresar sus sentimientos? ¿Titubean al hablar con su pareja de ciertos asuntos? Es posible que escribir acerca de cómo se sienten sobre un asunto determinado les ayude. Procuren usar la fórmula para la expresión de los sentimientos y asegúrense de solo comentar sobre sus propios sentimientos sin atacar o culpar a su pareja, díganle lo que sienten (o déjenle leer lo que han escrito) y pídanle que comparta sus propios sentimientos. Cuando a su pareja le toque hablar, traten de comprender lo que realmente está sintiendo.

Por ejemplo, digamos que los dos están preocupados por el uso excesivo de las tarjetas de crédito. Temen futuros problemas financieros y desean discutir el asunto y encontrar una solución ahora mismo. Recuerden que el uso excesivo de las tarjetas de crédito y el temor a los problemas financieros son los temás a atacar. Pueden escribir algo como: «Siento miedo y ansiedad cuando usamos las tarjetas de crédito hasta el límite sin contar con un plan para ir cancelando las deudas». No importa cómo lo digan; la cuestión es atacar el problema, no a la pareja.

ESCUCHEN, NO ATAQUEN

¿*P*or qué es tan difícil escuchar? ¿Puede ser que en lugar de escuchar estemos pensando en lo que deseamos decir una vez que nuestra pareja termine de hablar? El escuchar implica más que esperar con cortesía nuestro turno para hablar.

Durante años Claudia y yo hemos tenido una tarjeta pegada a nuestro refrigerador que dice: «Escucha, no reacciones», pero a veces aún invertimos el orden de las cosas. Reaccionamos y no escuchamos. No solo necesitamos practicar cómo escuchar, sino que también tenemos que prestarle atención al mensaje completo. Este implica mucho más que simples palabras.

PRESTEN ATENCIÓN AL MENSAJE COMPLETO

*N*o basta con solo escuchar las palabras. Necesitamos escuchar el mensaje completo. Hace unos años, la empresa Kodak realizó un estudio para determinar lo que comprende «el mensaje completo» en la comunicación.[4] He aquí los resultados:

1. Nuestra comunicación no verbal representa el cincuenta y cinco por ciento del mensaje total. Esto incluye cosas como encogerse los hombros, clavar la mirada en algo, mirar alguna cosa con furia (¡todos conocemos «esa» mirada!) o la falta completa de interés. Imagínense a la persona que trata de hablar con su pareja, mientras la pareja dirige toda su atención al programa de televisión o al periódico. ¿O alguna vez no le han dicho a su pareja que están de acuerdo, dándole al mismo tiempo el mensaje contrario con una mueca de disgusto? No hay lugar más frío que el espacio compartido entre esposos que utilizan las palabras «correctas» para encubrir la amargura, el rencor y la hostilidad.

2. El tono de voz refleja el treinta y ocho por ciento del mensaje total. Esto incluye los suspiros y los tonos de regaño que se infiltran en nuestras conversaciones. ¿Acaso en algún momento no ha dicho: «Está bien», cuando en realidad no lo está? Su tono de voz puede enviar un mensaje completamente diferente.

3. Las palabras proferidas constituyen tan solo el siete por ciento del mensaje total. La próxima vez que hablen con su pareja, tomen en cuenta que sus palabras representan un porcentaje muy limitado del mensaje verdadero.

¿DEMASIADO DIFÍCIL?

*U*no de los participantes en el seminario de Matrimonio Lleno de Vida señaló: «Es demásiado difícil. Ya llevo cincuenta años siendo «yo» y a esta altura no voy a cambiar. Además, esto me parece algo fingido y poco natural». Es posible que ustedes también opinen lo mismo.

David y yo lo comprendemos porque tampoco a nosotros nos ha sido fácil. ¡La comunicación clara requiere mucho esfuerzo! Es difícil dejarle saber a la otra persona cómo se siente uno en realidad. ¿Cómo usará la otra persona la información compartida? Al principio, cuando comenzamos a expresar nuestros verdaderos sentimientos, fue más fácil para mí que para David. Cuando yo compartía mis sentimientos, David me respondía con frases como: «¿Por qué te sientes así?» o «¡Nadie que esté en sus cabales debería sentirse de esa forma!» Teníamos que recordar que los sentimientos no son ni buenos ni malos, pero estar informado de cómo se siente su pareja es primordial para poder desarrollar un sistema de comunicación que funcione.

Incluso ni los expertos en el campo del matrimonio logran siempre «decirlo de la manera correcta». Por ejemplo, nosotros recordamos haber utilizado los tres modos de comunicación en un mismo día.

EL HUERTO DE FRESAS

*E*l día al que nos referimos fue uno de los dos sábados al año en que David le prestaba atención a nuestro pobre jardín que pasaba el resto del verano desatendido.

A David no le agrada el trabajo de jardinería, pero de todas maneras lo hace dos o tres veces cada verano y con mucha dedicación. Durante el desayuno, mientas conversamos de los planes para ese día, usamos la charla como modo de comunicación. Recuerdo que pasé el día en la oficina, procurando no molestarlo. (No deseaba distraer al «jardinero» y yo tenía que terminar un trabajo escrito.) Como estábamos tan productivos, nos sentimos bien con la manera en que iba transcurriendo el día.

Al atardecer, David entró a la casa casi arrastrándose, sucio, cansado, con músculos adoloridos, pero eso sí, había «terminado ya con el jardín» y quería alardear de sus logros. Así que juntos salimos para hacer un recorrido por el jardín.

¡Todo se veía transformado! Yo estaba encantada... pero esto solamente duró hasta que llegué alrededor de la casa a mi huerto de fresas. Aquel año iba a ser el año en que por fin iban a dar fruto, y me había imaginado comiendo helado con fresas, fresas con cereal y tartas de fresas.

Miré lo que suponía que era el huerto de fresas, y explotando comencé a usar la «comunicación con aguijón». «¿¡Por qué hiciste eso?!» David, sin darse cuenta, había arrancado todas las fresas cultivadas, dejando solo las plantas silvestres, que eran las que debían haberse quitado. «¡David, has arruinado mis fresas! ¿Cómo pudiste hacerme esto, después de todas las horas que le he dedicado a mi huerto? ¡No puedo creer que ni siquiera preguntaste qué plantas debías arrancar!» Di rienda suelta a mi enojo, y en secreto David deseó haber pavimentado todo el jardín el año pasado. La comunicación de enfrentamiento estaba a punto de estallar. ¿Y ahora cómo íbamos a salir de este lío?

Sabíamos que no podíamos resolver el problema si no nos tranquilizábamos. Ambos dijimos cosas que lamentamos luego. Había llegado el momento de reparar los daños. «David», comencé, «no quise atacarte. Es solo que estoy muy agobiada por la pérdida de mis fresas. ¡He trabajado mucho para cuidarlas y esto es muy frustrante para mí!»

David respondió: «También yo estoy frustrado. Pasé todo el día en el patio, me duele el cuerpo, estoy cansado, y ahora descubro que hice mal el trabajo. Es solo que las plantas silvestres eran las que ya tenían pequeñas bayas rojas. ¡Yo suponía que esas eran las fresas verdaderas! ¡Cuánto lo siento!»

Poco a poco comenzamos a calmarnos, pasando al modo de comunicación de compañerismo. Fue entonces cuando echamos un vistazo a las víctimas del huerto de fresas. Las plantas cultivadas estaban amontonadas en la entrada al garaje, y como nuestro problema radicaba en las fresas, comenzamos a enfocarnos en ellas. Luego de pensar creativamente juntos, decidimos intentar plantarlas de nuevo. Después de arrancar las plantas silvestres nos quedó más espacio para las fresas cultivadas. Antes del anochecer, habíamos replantado mis fresas y restaurado nuestra relación. Además, ¡las fresas sobrevivieron! Y sí, comimos fresas con helados, con cereal y con tarta. Mejorar las habilidades de comunicación de compañerismo requiere esfuerzo, dedicación y valentía. ¡Pero créannos, vale la pena! En el próximo capítulo, verán cómo la puesta en práctica del modo de comunicación de compañerismo les puede ayudar a resolver los conflictos.

Pasen ahora a la Segunda Cita en su Guía de Citas, y prepárense para escuchar, hablar y divertirse.

Notas

1. Alan Loy Mc McGinis, *The friendship factor: How to get closer to the people you care for,* Augsburg, Minneapolis, 1979 pp.103-4.

2. Estamos agradecidos a David y Vera Mace por su aporte a nuestras vidas y nuestro matrimonio y por el excelente entrenamiento que recibimos de la Asociación de Parejas de Enriquecimiento Matrimonial (A.C.M.E.) en los Seminarios de Entrenamiento con David y Vera Mace. Nuestra filosofía básica de las tres formas de comunicación y de cómo tratar con el enojo y los conflictos fue tomada de nuestro entrenamiento con los Mace, y ha sido usada con su permiso. A.C.M.E. ofrece excelente entrenamiento y dirección para aquellos interesados en conducir grupos de enriquecimiento matrimonial. Para más información de A.C.M.E. o de sus seminarios de entrenamientos escriba a A.C.M.E., P.O. Box 10596, Winston Salem NC 27108, o llame al 1-800-634-8325 (dentro de los Estados Unidos).

3. Nosotros primeramente aprendimos el concepto de la formula de los sentimientos de Bill y Kathy Clark, quienes han conducido por años los programás de enriquecimiento matrimonial (The Marriage Family Enrichment Institutes). Conocimos a los Clark cuando recién empezábamos nuestro trabajo sobre enriquecimiento matrimonial y su aporte a través de los años ha enriquecido nuestra propia labor sobre el matrimonio y el enriquecimiento de la familia.

4. Norman Wright, *Communication and conflict resolution in marriage,* David C., Elgin, IL, 1977, p. 6.

RESOLVER HONESTAMENTE LOS CONFLICTOS

Supimos que este seminario de Matrimonio Lleno de Vida iba a ser difícil cuando uno de los participantes dijo al comenzar la sesión de conflictos: «¡En nuestro matrimonio no tenemos conflictos, porque yo siempre tengo la razón!»

Otro agregó: «¡Lo único que debe hacer mi esposa es decirme cuál es su problema, y yo lo soluciono!» La mirada de su esposa mandó un mensaje no verbal muy claro: «¡Solo trata de solucionar mi problema!»

Nadie se casa para añadir más conflictos a la vida. Al contrario. El amor romántico inhibe los pensamientos de futuros conflictos. Esa es una de las razones por las que es difícil enseñarles a las parejas comprometidas cómo resolver un conflicto. Ellos saben que *son* la excepción. Sin embargo, una vez casados, para sobrevivir tendrán que aprender a enfrentar sus diferencias (incluso cómo manejar el conflicto y la ira), o su matrimonio se auto destruirá. Afortunadamente, aprender a resolver conflictos y a procesar la ira es algo que todos podemos desarrollar.

En su libro *Love and Anger in Marriage* [Amor y Enojo en el Matrimonio], el Dr. David Mace dice que el problema más grande no es la falta de comunicación, sino la inhabilidad de manejar y procesar el enojo. Fíjense en el siguiente diagrama.

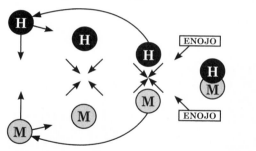

El ciclo de
Amor / Enojo[1]

La H representa al marido, y la M representa a la mujer. Durante el noviazgo, antes de casarse, las parejas están al lado izquierdo del diagrama. Tienen mucho espacio en su relación. ¡No están juntos continuamente, pero quieren estarlo! Después de la boda, con menos espacio, se les presentan más oportunidades para estar en desacuerdo y que salten las chispas. Aquí la meta es resolver el conflicto que causa el enojo y así atravesar al lado derecho del diagrama hacia la intimidad. Pero lo que sucede a menudo es que la pareja no resuelve el conflicto y cada individuo se retira más hacia el lado izquierdo, dejando aun más espacio entre el uno y el otro. A medida que las parejas repiten este ciclo de amor y enojo, las barreras empiezan a subir. La lista de temas tabúes en la conversación también aumenta, y la intimidad en el matrimonio se convierte en una quimera.

¿Dónde se encuentran ustedes en este diagrama? Quizás estén atrapados en el ciclo de amor-enojo y quieran salir de él.

Pueden romper con este ciclo y encaminarse hacia la intimidad si están dispuestos a correr el riesgo y trabajar para resolver el conflicto que está provocando el enojo. Para empezar, identifiquen la forma en que manejan el conflicto actualmente.

¿CÓMO MANEJAN EL CONFLICTO?

*L*a forma en la que manejamos el conflicto puede compararse a las características de ciertos miembros del reino animal. ¿Se reconocen en uno de los siguientes métodos inapropiados?[2]

La tortuga – el que se retira

David es la tortuga en nuestra familia. Frente al conflicto, su reacción instintiva es la de retirarse. Mete la cabeza dentro de su caparazón duro hasta que el conflicto haya finalizado. En cambio, a mí me gusta la discusión de vez en cuando, y trato inútilmente de sacudirlo. ¿Es usted una tortuga? ¿Se retira generalmente del conflicto? Quizás lo haga de forma física, como levantándose y saliendo de la habitación, o es posible que se aísle de forma emocional, desconectándose de la otra persona. ¿Quizás el sentimiento de desesperación y derrota le hacen sentir que no vale la pena discutir aun antes de empezar la discusión? Permítannos decirles algo: Retirarse o aislarse de la relación impide que encuentren una posible solución, y es una forma de acercarse rápidamente al lado izquierdo del ciclo de amor-enojo.

El zorrino – el agresor

El zorrino rocía cuando se le ataca o se siente amenazado. ¿Se identifican con el zorrino? Rocían un ataque verbal hacia su pareja cuando él o ella no cumplen con sus expectativas o cuando sienten amenazada su seguridad. Muchos «zorrinos» son expertos en el cinismo y el desprecio. Usan sus habilidades verbales para hacer que la otra persona se sienta mal en vez de enfrentar sus propios defectos.

Yo soy una zorrina. Mi tendencia natural es la de atacar y hacer que David se sienta pésimo. Prefiero enfocarme en lo que él hizo o no hizo y así evitar cualquier responsabilidad propia.

A través de los años de presentar los seminarios de Matrimonio Lleno de Vida hemos conocido a muchas tortugas casadas con zorrinos. Hasta hemos observado una nueva especie: la zortuga. ¡La zortuga, una combinación de zorrino y tortuga, trata el conflicto atacando a la otra persona y luego retirándose a su propio cascarón!

El camaleón – el que cede

El camaleón cambia de color para armonizar con el ambiente y así evitar conflicto. El camaleón está de acuerdo con cualquiera de las opiniones expresadas. Cuando está con un grupo tranquilo, él también se tranquiliza. Cuando está con un grupo ruidoso, él también se deja oír. Su deseo de encajar y ser aceptado no lo deja expresar sus verdaderas opiniones, así que cuando se le presenta un conflicto, se pone de acuerdo con lo que dice o decide el grupo.

Frecuentemente, esta es la persona que abandona su matrimonio después de treinta años de «ceder». Nadie puede entender lo que provocó su partida, ya que siempre se adaptó en forma tan convincente. Pero todos tienen su límite, como un globo que se estira y se estira hasta que finalmente revienta.

El búho - el intelectualizador

El búho, como la tortuga, evita el conflicto, pero al hacerlo usa métodos diferentes. Él intelectualiza. Su lema es: «¡Evadir los sentimientos a toda costa!» El búho habla de temas a nivel intelectual con gusto, pero no muestra ningún sentimiento de la cabeza para abajo. Él trata con los hechos, hechos y más hechos.

Marc era un búho. Cuando su esposa, Wendy, se olvidó de devolver los videos alquilados ya que había estado consolando a una amiga cuyo esposo se encontraba gravemente enfermo, Marc no pudo entenderlo. «¡Es tan simple», dijo. «Devuelve los videos a tiempo y así evitarás recargos!»

El gorila - el ganador

El gorila tiene que ganar a toda costa. Sus armas favoritas son la manipulación y la intimidación. Bajo su piel gruesa hay una persona que quizás sea muy insegura y siempre quiera verse bien cueste lo que cueste. El guarda archivos de viejos rencores, heridas y equivocaciones que puede sacar y usar cuando le sea conveniente. ¡Le encanta decirle al otro lo que está mal y por qué él tiene la razón!

Nunca olvidaremos el seminario en el que uno de los participantes, Bill, resultó ser el gorila clásico. En cada sesión tuvimos la gran dificultad de que Bill constantemente nos interrumpía para decirnos lo que hacíamos mal, o cómo podríamos hacerlo mejor a «su manera». Él constantemente atacaba y menospreciaba a su esposa. La solución vino de los participantes mismos.

Durante uno de los recesos, varios de los esposos salieron inadvertidamente y regresaron con un enorme racimo de bananas para Bill. ¡Al fin entendió el mensaje! ¿Cambió y mejoró drásticamente? En realidad no, pero se esforzó por modificar su comportamiento.

¿CUAL ES SU ESTILO?

*S*e identifica usted con alguno de nuestros amigos animales?

Quizás se identifique con más de uno, ya que nuestras reacciones ante los conflictos pueden ser muy diferentes y variar según el momento y el tema o problema relacionado con el conflicto. ¿Cuáles son los temas que siguen resurgiendo en su relación? A veces discutimos sobre las cosas más insignificantes, tales como:

- Le gusta mantener su hogar tan caliente como el trópico, sin embargo, su esposo podría ser un buen esquimal.
- Usted es el Sr. Pro y está casado con la Sra. Contra (o viceversa).
- Le gusta que el papel higiénico se desenrolle de arriba hacia abajo, pero su pareja prefiere que se desenrolle de abajo hacia arriba.

- Su segundo nombre es Puntualidad y el de su cónyuge es Tardanza.
- Le agrada la apariencia hogareña de su casa, pero su pareja arregla las revistas sobre la mesa en un ángulo de cuarenta y cinco grados.
- Le gusta enrollar la pasta dentífrica con precisión, pero su pareja prefiere apretar el tubo con creatividad.

Aunque las cosas pequeñas no hagan saltar chispas en su hogar, las cuestiones grandes como las finanzas, los hijos, el sexo, los suegros, las prioridades y la forma en que utilizan el tiempo pueden encender la mecha del conflicto.

La clave para resolver un conflicto no es el tema en sí de la discusión, sino el desarrollar la manera en que pueden ver dicho problema desde el mismo punto de vista.

En el libro *Luchando por tu matrimonio*, los autores e investigadores matrimoniales, los doctores Howard Markman, Scott Stanley y Susan Blumberg, animan a las parejas a que trabajen para resolver los conflictos en equipo. Ellos señalan: «Tienen opciones para resolver sus problemas. Pueden actuar de manera que trabajen juntos en contra del problema o pueden actuar como si estuvieran trabajando uno en contra del otro».[3]

Como se dijo en el capítulo dos, aprender a expresar sus verdaderos sentimientos y entender los sentimientos de su pareja facilitará la buena comunicación. Continúen hablando entonces hasta que ambos entiendan el problema y busquen una solución, aunque tengan que ceder un poquito o mucho. ¡Cuando lleguen a este momento, resolver el conflicto será muy fácil! Primero, evaluemos cómo han progresado en cuanto a expresar sus sentimientos y discutir temas polémicos. Luego les daremos cuatro pasos simples para resolver los conflictos.

EVALUAR Y EXPRESAR NUESTROS SENTIMIENTOS

*P*iensen por un momento en la última vez que estuvieron enojados. ¿Cómo se sintieron? ¿Malentendidos, asustados, frustrados, decepcionados, solos? ¿Qué hacen cuando se enojan?

Durante el primer año de nuestro matrimonio, Claudia se enojó tanto que me lanzó un jabón. Este era un jabón que tenía la forma de una bala (ya no se vende, suponemos que era demasiado peligroso). He aquí la situación. Los fines de semana cuando visitábamos a los padres de Claudia, llevábamos nuestra ropa sucia para poder lavarla. En este fin de semana en particular, Claudia se disgustó conmigo. Ella había lavado tres montones de ropa, doblado los primeros dos y planchado mis camisas de algodón. Lo único que tenía que hacer yo era poner el último montón (nuestras sábanas) en el secador, pero con mi actitud despreocupada se me había olvidado. Estábamos a punto de irnos cuando nos dimos cuenta de que no teníamos las sábanas. ¿Dónde estaban nuestras sábanas? ¡Aún en el lavarropas! ¡Claudia, sintiendo que ya había hecho más de lo que le correspondía de trabajo, me azorrinó!

«¿No podrías por lo menos acordarte de las sábanas? ¿Acaso soy la única responsable de lavar la ropa? ¡Yo también necesito un descanso!» Nuestra discusión se intensificó rápidamente y antes de que nos diéramos cuenta, me encontraba esquivando el jabón.

¿Mi reacción? Simplemente me metí dentro de mi concha y lancé las sábanas mojadas dentro de nuestro pequeño Volkswagen. El viaje de vuelta a Atlanta fue muy silencioso. Sabíamos que debía haber una mejor forma de manejar esta situación, pero en aquel entonces no entendíamos cómo tratar con nuestro enojo de una forma apropiada.

Como dijimos antes, la tortuga se retira; el zorrino ataca; el camaleón cede; el búho intelectualiza; y el gorila persiste hasta vencer.

Aún hoy Claudia lamenta su comportamiento de zorrino, deseando que hubiera podido elegir una de las siguientes formas de expresar su enojo:

- Soltar la «papa caliente» y dejarla enfriar.
- Identificar la comunicación de confrontación y abandonarla con rapidez.
- Ponerle fin a la intensificación de la ira.
- Resolver el conflicto juntos y caminar hacia la intimidad.

Pueden hacer todo lo anterior, pero primero necesitan procesar y entender su enojo. ¿Recuerdan la fórmula del capítulo dos? Pueden compartir sus sentimientos negativos de una forma positiva si han hecho un trato de no atacarse el uno al otro ni defenderse a sí mismos. Además, a la primera señal de enojo, comuníquenselo a su pareja. De lo contrario, uno de ustedes puede estar enojado y el otro no saberlo. Pueden decir: «Cariño, me estoy enfadando contigo, pero me he comprometido a no atacarte. ¿Podemos hablar de lo que está causando mi resentimiento y ver cómo se pueden arreglar las cosas?» Así se sentirán en control de sus sentimientos y su enojo sin culpar o atacar a su pareja.

¿No les parece que cualquier cónyuge sensato respondería de forma positiva? Una vez que el enojo ha disminuido, pueden hablar de lo que está causando el conflicto. Pero hasta que no tengan el enojo bajo control, no podrán resolver el problema. Recomendamos que elaboren su propio contrato para tratar con este tema. Sugerimos que firmen un contrato por escrito con estos tres puntos:[4]

1. Te diré cuándo me estoy enfadando contigo.
2. No descargaré mi enojo sobre ti.
3. Te pediré ayuda para encontrarle una solución a mi enojo.

Hasta que no se enfrenten con sus sentimientos, no podrán solucionar efectivamente los otros temas que generan problemas. Una vez que realmente entiendan cómo se siente cada uno con respecto a un tema determinado, podrán entonces hablar sobre él, enfocarse en el problema, y evitar atacar o culparse el uno al otro. ¡Es increíble la diferencia que se ve cuando se llega al punto de tratar de encontrar una solución!

PASOS PARA RESOLVER LOS CONFLICTOS

*U*na vez que ustedes hayan expresado y entendido sus propios sentimientos, pueden progresar a lo que son los cuatro pasos para resolver conflictos.[5]

El primer paso es que ambos identifiquen el problema y busquen una solución. Escriban cuál es el problema que quieren resolver. ¡En nuestra guerra del jabón, el problema verdadero no eran las sábanas, sino la división injusta de tareas!

El paso número dos consiste en identificar cuál de los dos necesita una solución y las contribuciones del otro al problema. Yo estaba bastante bien con la situación, pero Claudia era la que necesitaba una solución. ¡Ella quería que me involucrara y la ayudara!

El paso número tres consiste en pensar y escribir muchas ideas de posibles soluciones. Si hubiéramos seguido los pasos uno y dos, podríamos haber evitado los ataques personales y encontrado formas creativas de resolver el asunto de las sábanas mojadas, así como la mejor forma de repartir el trabajo.

El paso número cuatro es escoger un plan de acción. De la lista de ideas, escojan una de las posibles soluciones que ambos quieran probar. Si funciona, grandioso. Si no, vuelvan a la lista e inténtenlo de nuevo.

LAS TRES C⁶

$\mathcal{M}$uy probablemente descubrirán que la mayoría de los planes implican un poco de «tira y afloja».

Básicamente hay tres formas de alcanzar una resolución. Los Mace las llaman las tres C: Compromiso, Capitulación (o convenio) y Coexistencia.

El **Compromiso** simplemente significa que cada uno cede un poquito para encontrar una solución con la que ambos puedan vivir. Es de esta manera que encontramos la solución a muchas de nuestras diferencias. Nosotros, por ejemplo, dialogamos continuamente acerca de la comida. A David le gustan los bocadillos sabrosos, grasosos y altos en colesterol. Yo prefiero las zanahorias y el apio. Llegamos a un acuerdo con ciertos bocadillos, unas palomitas, y de vez en cuando los antojitos con más calorías y grasa. También comemos vegetales con algo para untar, pero no todos los días. El asunto de la comida, como el del control remoto y el termostato, no son temas de mucha importancia en nuestro hogar, pero pueden causar cierta irritación.

La segunda C es la **Capitulación** (convenio). No estamos hablando de un general del ejército forzando a una rendición. La Capitulación en la resolución de conflictos es más bien un acto de dar una prueba de amor. Hay temas que son más importantes para una persona que para la otra. Siendo así, una manera de resolver el conflicto puede ser que la persona menos afectada acepte lo que propone la otra. Por ejemplo, cuando remodelamos nuestra cocina, Claudia escogió una muestra de pintura con su color azul favorito. Yo, convencido de que era púrpura en vez de azul, no pude imaginar nuestras paredes de ese color. Ya que Claudia tenía más experiencia en la decoración y para ella era más importante el color que quería usar en las paredes que para mí, decidí capitular, o sea, accedí a lo que Claudia había escogido. ¡Finalmente quedó maravilloso... y azul!

La **Coexistencia**, la tercera forma práctica de encontrar una solución, nos enseña que no necesariamente tenemos que estar de acuerdo en todo. Hay ocasiones en las que está bien aceptar no estar de acuerdo. Por ejemplo, hablemos de las preferencias de alimentos. ¡A David le gusta la remolacha, mientras que yo ni siquiera puedo olerla! Así que imagínense la sorpresa de David cuando un verano lo invité a dar un paseo por mi huerta y le mostré las remolachas que había plantado especialmente para él. (Después confesé que lo hice porque pensé que eran rábanos lo que estaba plantando.)

En momentos y situaciones diferentes, usamos las tres C. Tal vez tengan puntos de vista políticos diferentes o les gusten distintos estilos de música. Recuerden, nuestra meta no es la de ser iguales; algunas diferencias hacen nuestro matrimonio más «interesante». Los problemas surgen cuando es únicamente uno de los dos quien cede continuamente, cuando prefieren coexistir en todo, o cuando usan el compromiso como medio de «negociación» y manipulación. Los juegos de poder y los intentos de manipulación destruyen el potencial para el amor y la cercanía en la relación de pareja. La clave está en continuar hablando y seguir compartiendo sus sentimientos hasta que ambos identifiquen el problema y estén dispuestos a resolverlo.

LA GUERRA DE LAS TOALLAS

A unque los pasos para la resolución de conflictos son simples, repetimos, no los usen hasta que no estén *seguros* de que hayan hablado de todos sus sentimientos, hayan identificado el problema, y estén de acuerdo en que ambos quieren una solución.

Durante uno de nuestros seminarios de Matrimonio Lleno de Vida aprendimos, después de cometer errores, lo que ocurre cuando tratamos de resolver un problema antes de haberlo discutido en forma adecuada.

Nuestro seminario marchaba tranquilamente hasta que llegamos a los pasos para resolver los conflictos con honestidad. ¡Fue entonces cuando estalló la guerra! Después de haberles enseñado a los participantes los pasos para resolver un problema, elegimos lo que nos pareció una situación simple y divertida para ilustrar cómo funcionaban. Primero definimos el problema: «No me gusta que las toallas se tiren en el piso del baño».

Si las miradas pudieran matar, ya estábamos en problemas. También observamos cómo las parejas se codeaban y murmuraban. Decidimos ignorar los indicios de que las cosas no estaban bien y seguimos al paso número dos: identificar cuál de los dos necesitaba una solución y escuchar la contribución del otro para resolver el problema.

Arbitrariamente dijimos: «La mujer es la que tiene la necesidad. El marido deja las toallas mojadas en el piso». Las «miradas» nos dijeron que estábamos cincuenta por ciento correctos. Al oír el silencio pensamos continuar entonces al siguiente punto. Sin saberlo estábamos cavando nuestra propia tumba.

El paso número tres fue pensar en ideas para posibles soluciones. Algunos graciosos del grupo nos ayudaron a completar nuestra lista:

1. Dejar las toallas en el piso
2. La mujer recoge la toalla
3. El esposo recoge la toalla
4. Usar toallas desechables y tirarlas
5. No usar toallas y secarse al aire libre
6. No bañarse
7. Doblar las toallas y ponerlas en el toallero

La guerra estalló mientras esperábamos con paciencia que el grupo coincidiera en que la última alternativa era la mejor. En lugar de enfocarse en el problema, las parejas se polarizaron, escogieron lados opuestos y dispararon tiros verbales. Para este grupo, las toallas en el piso del baño era un tema muy emocional. Nos tomó un tiempo recuperar el control del grupo y establecer una tregua.

¿Qué pasó? Se estaban atacando el uno al otro en vez de resolver el problema.

Esto pasa a menudo cuando no hablamos de nuestros sentimientos en forma adecuada antes de identificar la raíz del problema. Si empiezan a usar los pasos para resolver el problema de forma prematura (¡y sabrán que ese es el caso si empiezan a discutir!), deténganse. Vuelvan a la fórmula de los sentimientos. ¡No traten de resolver el problema hasta que ambos estén de acuerdo en cuál es el problema real y en verdad quieran una solución!

Eso fue lo que tuvimos que hacer con la guerra de las toallas.

El grupo volvió a dialogar y a decirse el uno al otro cómo se sentían realmente con respecto al asunto de las toallas. Al calmar sus emociones negativas compartieron sus sentimientos (sin atacar los puntos de vista del otro), y pudieron entonces enfocarse en tratar de entenderse el uno al otro. Cuando finalmente se comprometieron a una solución adecuada para los dos, volvieron entonces a los pasos de la resolución de conflictos. Esta vez tuvieron éxito.

En el paso número cuatro estamos buscando el mejor plan de acción. ¿Cuál es la mejor solución al dilema de las toallas? La primera C, compromiso, puso fin a la guerra. El grupo se puso de acuerdo en que cada persona debería recoger su toalla y ponerla en su lugar. Problema resuelto, se terminó la guerra.

Aunque la guerra de las toallas pareciera ser un problema monumental para este grupo, es de menor importancia comparado con otros asuntos que las parejas deben enfrentar a diario.

¿Pueden aplicarse estos principios a situaciones más serias que la de la guerra de las toallas? Definitivamente sí.

Consideren el siguiente dilema al que nos enfrentamos nosotros.

LA DISCUSIÓN POCO DIVERTIDA DE LA RECAUDACIÓN DE FONDOS

*H*abíamos terminado y mandado vía fax nuestra columna editorial sobre el tema de la comunicación, a la revista. Fue entonces cuando sucedió. Claudia hizo una simple pregunta sin mala intención: «David, ¿cuándo vas a recaudar fondos para Matrimonio Lleno de Vida?»

Esta pregunta trajo a mi computadora mental, veinte años de conversaciones acerca de la recaudación de fondos. ¡Mucho de nuestro trabajo sobre el enriquecimiento matrimonial y de familia es divertido, pero recaudar fondos está al final de la lista de entretenimiento! Habíamos batallado con este tema hasta la muerte en innumerables conversaciones, pero ese día resurgió con toda su fuerza.

¿Podríamos los autores poner en práctica nuestros propios consejos? No en ese momento. Yo, sintiéndome atacado, respondí a mi estilo. La tortuga enterró el asunto y pensé que sería otra noche callada en el hogar de los Arp. Bueno, no tan callada. Claudia definitivamente hizo oír sus ataques verbales en voz alta y clara: «Bien, sería mejor entonces que encontremos otra carrera», exclamó Claudia, «algo que no incluya la recaudación de fondos. ¡Ya que nunca lo harás!»

¿Mi reacción? Silencio. ¡Esto enfureció más a Claudia! ¡Ambos estábamos totalmente frustrados! ¿Ha estado usted en situaciones en las que siente que va a gritar o a explotar si su pareja le habla de un tema particular una vez más? Así me sentía en cuanto a la situación de la recaudación de fondos.

De vez en cuando todos intercambiamos sentimientos negativos, pero cuando abusamos de ello podemos experimentar lo que el Dr. Gottman, quien es psicólogo, llama una «sobrecarga del sistema» o «sensación de estar agobiado». Uno se siente abrumado y se pone a la defensiva, o como lo hice yo, simplemente se encierra en sí mismo.

Los hombres solemos reaccionar más a las tensiones y nos agobiamos más fácilmente que las mujeres; lo cual explicaría por qué yo y tantos otros hombres levantamos muros de piedra.[7]

¿Cómo podríamos resolver este asunto de una vez por todas? ¿Había esperanzas de llegar a una resolución? No, hasta que no siguiéramos nuestras propias sugerencias. Primero, nos teníamos que calmar. La recaudación de fondos era como una papa caliente, demasiado caliente para tocarla. Teníamos que poner nuestra «papa caliente» a un lado y dejar que se enfriara. Si nos enfrentamos discutiendo de forma agitada, perdemos la perspectiva, nos atacamos mutuamente y por lo general empeoramos la situación. Este conflicto nos tomó en realidad por sorpresa, en especial después de haber pasado el día entero escribiendo acerca de la buena comunicación.

«Calmarse» no es solamente una palabra. El Dr. Gottman resalta que también hay síntomas físicos cuando uno está inundado de problemas. Nos puede faltar el aire. O podemos tender a reprimir la respiración. Los músculos pueden ponerse tensos y el corazón latir más rápido. Aunque las mujeres también experimentan los síntomas de estar agobiadas, sus cuerpos se calman y vuelven al estado normal más rápido que el de los hombres. Así que señoras, denles a su esposo el tiempo suficiente para calmarse antes de resumir la discusión.[8]

Mientras nuestra «papa caliente» se enfriaba y nuestro sentido común retornaba, ambos sentimos miedo. ¿Si esto no funciona para nosotros por qué estamos escribiendo sobre ello? Mientras yo me sentía agobiado, Claudia se sentía incomprendida y sola. El tema de la recaudación de fondos nos había acompañado por mucho tiempo, sin embargo ya lo habíamos logrado resolver anteriormente. Pero ahora las nuevas oportunidades que se presentaban para la expansión de Matrimonio Lleno de Vida traían consigo nuevas necesidades para la recaudación de fondos. Ya calmados, decidimos usar los cuatro pasos para resolver los conflictos. He aquí los pasos que usamos para resolver el tema de la recaudación de fondos:

Paso uno: Definir el problema.

A ninguno de los dos nos agrada ni nos es fácil recaudar fondos, sin embargo, debemos hacerlo para proseguir la labor de Matrimonio Lleno de Vida.

Paso dos: Identificar quién tiene más necesidad de una solución y escuchar la contribución de la otra persona al problema.

Ambos necesitábamos una solución. Es posible que Claudia se sintiera un poco más insegura acerca de la situación financiera de Matrimonio Lleno de Vida que yo, pero ambos reconocimos la necesidad de contar con un plan bien pensado para la recaudación de fondos. Los dos contribuimos al problema al no darles a conocer a otros de nuestra necesidad.

Paso tres: Sugerir soluciones alternativas

Nuestra lista era algo así:

1. Asumir yo toda la responsabilidad en la recaudación de fondos.
2. Asumir Claudia toda la responsabilidad en la recaudación de fondos.
3. Reducir los programas existentes.
4. Solicitar la ayuda de otras personas en la recaudación de fondos para Matrimonio Lleno de Vida.

Paso cuatro: Seleccionar un plan de acción.

El compromiso fue una parte estratégica de nuestro plan de acción. Ambos habíamos invertido mucho en Matrimonio Lleno de Vida y queríamos ver el crecimiento de nuestra labor. Era imprescindible, como socios, llegar a una solución, pero ninguno de los dos tenía el interés ni la experiencia para la recaudación de fondos. El tema ni siquiera figuraba en nuestra lista de las diez prioridades de «lo que más desearía hacer». ¡Estaba completamente fuera de nuestra lista! A continuación figura nuestro acuerdo de compromiso.

1.- Claudia accedió a no agobiarme con comentarios acerca de la recaudación de fondos. Aunque ella tenía buenas intenciones, era demasiada presión para mí. Claudia accedió a ayudar donde pudiera, en este caso ella ayudaría a escribir y editar las cartas, ponerlas en los sobres y pegar las estampillas.

2.- Yo por mi parte me comprometí a reconocer mejor los sentimientos de temor y frustración de Claudia y hacerle saber que comprendía dichos sentimientos. Y si no, haría lo posible para tratar de entenderla y con buena actitud hablaría con ella de la situación. Me comprometí a no postergar más las tareas que podía llevar a cabo en vez de concentrarse en las que no podía hacer. Trataría de mejorar la comunicación con nuestro directorio y nuestros contribuyentes.

3.- Ambos controlaríamos los gastos y buscaríamos formas de economizar.

4.- Para complementar nuestras áreas débiles, incluimos en nuestra mesa directiva a una pareja cuya experiencia en la administración y recaudación de fondos sería clave. A medida que nos dan consejos y sugerencias, nosotros los ponemos en práctica. Hemos aprendido un principio muy importante: hacemos lo que podemos, una cosa a la vez.

¿Hemos resuelto el problema definitivamente? No, pero hemos dado un paso adelante: estamos del mismo lado y el ambiente en el hogar de los Arp se ha tornado mucho más placentero.

TODOS TENEMOS PROBLEMAS

*M*ientras estemos casados o con vida, enfrentaremos situaciones difíciles y tendremos que tomar decisiones. Los matrimonios más monótonos del mundo son aquellos en que ambos esposos han decidido coexistir y apenas tolerarse el uno al otro, no tienen conflictos, pero tampoco tienen intimidad. Acepten nuestro reto de procesar su ira, sus frustraciones y sus diferencias, y luchen por su intimidad. ¡Su matrimonio lo vale!

UNA ADVERTENCIA

*E*scojan el momento oportuno. Eviten tratar situaciones emocionales muy tarde por la noche cuando están cansados, tienen hambre, o están de mal humor. Y recuerden, el juego de poder destruye la relación de la pareja. No sea como el participante de nuestro seminario que pensaba que siempre tenía la razón. Es difícil trabajar juntos en una resolución; es difícil resistirse a usar el chantaje emocional. Pero vale la pena el esfuerzo para lograr las resoluciones honestas. Su matrimonio se fortalecerá. Y cuando sea pertinente, recuerden nuestra sugerencia de identificar a aquel que tenga más experiencia en cada área.

Hay veces en que David tiene sentimientos muy fuertes acerca de una situación específica y yo accedo a hacer lo que él dice. Otras veces cuando he sido yo la que ha tenido sentimientos más fuertes asociados con un tema en particular, David ha accedido (capitulado). No es siempre fácil saber qué hacer. A veces hemos puesto lo mejor de nosotros para tomar la mejor decisión, y sin embargo, los resultados han sido desastrosos. ¿Es esto motivo suficiente para darnos por vencidos en cuanto a resolver conflictos y esforzarnos por tomar decisiones inteligentes? ¡No! Ni para nosotros ni para ustedes.

¿Qué pasa cuando se estancan y parece que no pueden resolver la situación? Recuerden, un consejero profesional puede darles consejos a corto plazo. Si alguien va en dirección contraria por una calle en un solo sentido, no necesita a un peatón que le grite que va en sentido contrario. Lo que realmente necesita es un policía amigable que pare el tráfico y le ayude a darse vuelta. Así puede ayudarles un consejero en el matrimonio.

Pero en la mayoría de los casos, si están dispuestos a avanzar juntos, a atacar el problema y no el uno al otro, a procesar el enojo y a trabajar unidos para hallar una solución, podrán encontrarla. Es entonces cuando podrán concentrarse en la mejor forma de alentar a su pareja.

*Pasen ahora a la Guía de Citas
y comiencen a planear la Tercera Cita.
También podrán aprender a usar el enojo y el
conflicto para fortalecer su relación de pareja.*

NOTAS

1. David Mace, *Close companions,* Continuun, New York ,1982, p. 85.

2. Agradecemos a Doug Wilson por compartir con nosotros sus ilustraciones de personajes de animales en Viena, Austria, en 1981 y por otorgarnos su permiso para adaptar sus conceptos y poder usarlos en nuestro trabajo de enriquecimiento matrimonial. Doug y su esposa, Karen, pasaron varios días con nosotros cuando estábamos diseñando inicialmente nuestros seminarios Matrimonio Lleno de Vida y nos dieron ideas estratégicas que nos han beneficiado a nosotros y a muchas otras parejas a lo largo de los años.

3. Howard Markman, Scout Stanley, y Susan L. Blumberg, *Fighting for your marriage,* Jossey-Bass Publishers, San Francisco,1994, p. 76. Los Drs. Markman, Stanley y Blumberg son investigadores matrimoniales y fundadores de PREP (The Prevention and Relationship Enhancement Program. PREP presenta un enfoque basado en estudios realizados que enseña a las parejas cómo comunicarse efectivamente, trabajar como un equipo para resolver problemas, manejar conflictos sin dañar la cercanía, y perseverar y aumentar el compromiso y la amistad. El enfoque de PREP se basa en veinte años de investigación en el campo de la salud y el éxito matrimonial con muchos de los estudios específicos conducidos por la Universidad de Denver por más de quince años. Para mayor información acerca de PREP escriba a PREP, Inc., P.O. Box 102530, Denver CO 80250 o llame al 1-303-759-9931.

4. Adaptado del libro de David y Vera Mace, *How to have a happy marriage,* Abingdon, Nashville, 1977, pp. 113-14.

5. Nuestros cuatro pasos para resolver conflictos fueron adaptados originalmente del libro de H. Norman Wright, *The pillars of marriage*, Regal, Glendale, CA, 1979, p. 158. Este es apenas uno de los muchos excelentes recursos de enriquecimiento matrimonial de Norm Wright. Queremos expresar nuestro más profundo agradecimiento a Norm por su influencia no solo en nuestras vidas y en nuestro trabajo, sino también en la vida de muchos otros.

6. Adaptado del libro de David Mace, *Love an anger in marriage,* Zondervan, Grand Rapids, 1982, pp. 109-12.

7. Igual al anterior.

CONVERTIRSE EN UN MOTIVADOR

Nunca olvidaremos el llamado a la puerta una noche invernal muy tarde cuando vivíamos en Viena, Austria. Nos despertamos y, al abrir la puerta, aún medio dormidos, nos sorprendió ver a nuestros amigos de Varsovia, Polonia.

Era diciembre de 1981, varios años antes de la disolución de la poderosa Unión Soviética. Los soviéticos amenazaban apoderarse del gobierno polaco, forzando a los oficiales a declarar la ley marcial para controlar a las masas nerviosas de ciudadanos y minimizar las revueltas y la disensión política. Los noticieros rebosaban con historias de disturbios y tensiones sociales. Polonia era un país al borde del desastre. Ver a Tom, Karen y sus tres niños pequeños a la puerta nos dio gran alivio y un motivo para celebrar.

Después de oír su historia, nos alegramos doblemente de tenerlos sanos y salvos en nuestro hogar. «Mientras salíamos de Varsovia», dijo Karen, «cruzamos filas de tanques soviéticos que marchaban rugiendo hacia la ciudad. ¡Fue espeluznante!»

Tom continuó: «No sabíamos cuál sería la situación en la frontera con Austria. ¡Tuvimos que esperar horas, pero aquí estamos!»

Tom hizo una llamada telefónica y al rato apareció un reportero de uno de los servicios noticiosos. Tom y Karen les entregaron lo que resultó ser uno de los primeros videos que salieron de Polonia, con la demostración para el mundo de la confusión y el desorden causado por la ley marcial.

Era obvio que Tom y Karen estaban muy afligidos. No solo tuvieron que huir de su hogar por temor a su seguridad personal, sino que tampoco tenían idea de si algún día recuperarían su casa, su trabajo y sus amigos. Arrastrando un pequeño remolque detrás de su auto, Tom y Karen trajeron cuantas pertenencias personales pudieron. Su futuro inmediato era incierto.

¡Imaginen ser despojados de su hogar y amigos, sin siquiera saber si algún día podrán regresar! Agréguenle tres niños pequeños, enfermedades y otras contrariedades. No pasó mucho tiempo antes de que nuestros amigos se encontraran cerca de la quiebra emocional.

Necesitaban tiempo para pensar, tiempo para organizarse. Después de las festividades, les animamos a que se tomaran unos días de descanso sin los niños.

Siguieron nuestro consejo, pero la situación parecía muy sombría mientras se alejaban una fría madrugada de enero. Karen estaba cansada, deprimida, y se sentía culpable de haber dejado a sus niños. Una hora más tarde se detuvieron para almorzar, y durante los siguientes treinta minutos, Tom le dijo a Karen todas las cosas que apreciaba y admiraba en ella. Le encantaba la forma en que ella siempre lo apoyaba, su sentido del humor, su sensibilidad ante las necesidades de los niños, su fe vital en Dios, su espíritu pionero (habían estado viviendo en Europa Oriental desde los años setenta, antes de la caída del muro). Cosas grandes, pequeñas, insignificantes... y así continuó hablando, describiendo lo que apreciaba de ella. Es asombroso cómo esos treinta minutos hicieron que Karen cambiara su perspectiva acerca de la vida; ciertamente crearon el marco para una gran escapada romántica. Desde el principio de su tiempo a solas con Tom, se le hizo saber que era amada, admirada y respetada. Durante su semana juntos Karen escribió: «Es increíble cómo las cosas se enfocan nuevamente cuando nos tomamos el tiempo para estar solos y animarnos el uno al otro. Nos divertimos mucho, y ahora estamos listos para regresar a casa, aunque todavía debamos enfrentar problemas no resueltos y un futuro incierto».

Varios meses más tarde pudieron volver a su hogar en Varsovia, y allí, al año siguiente, dirigimos un seminario de Matrimonio Lleno de Vida para su grupo.

LA OTRA CARA DE LA MONEDA

Los resultados podrían haber sido muy diferentes si Tom le hubiera dicho: «Cariño, solo tienes que controlarte a ti misma. ¿No puedes dejar de llorar? No estás colaborando. Este comportamiento no te caracteriza. ¡Tu actitud nos está afectando a los niños y a mí! Sé que podrías controlar tus emociones con un poco más de esfuerzo». La semana hubiera sido un desastre de primera clase, y Karen hubiera estado aun más deprimida. Destrozar a su pareja es una de las cosas más crueles e insensibles que puede hacer, ya que ataca la raíz misma de la relación matrimonial.

Necesitamos desesperadamente alentarnos y afirmarnos el uno al otro. Si no lo hacemos nosotros, ¿quién lo hará? ¿Acaso nuestros jefes y compañeros de trabajo? ¡No cuente con eso! ¿Nuestros niños y adolescentes? ¡Qué ridículo! ¿Cuántos hijos vienen corriendo a decirnos: «Mamá y papá, quiero agradecerles por disciplinarme de forma constante y por no dejarme hacer ciertas cosas que deseo hacer, ya que no serán lo que más me conviene?»

¿Nos alentarán nuestros amigos? Quizás, si somos afortunados, pero no es algo con lo que podemos contar. Nuestra pareja necesita nuestro estímulo. Usted puede influenciar en forma positiva a su pareja si decide halagarla en vez de humillarla. Aquí hay tres ideas que le ayudarán a empezar: *Buscar lo positivo, desarrollar un buen sentido del humor, y expresar elogios honestos.*

Buscar lo positivo

Antes de casarse es fácil ver lo positivo. Pero una vez casados, nuestras lentes color de rosa suelen empañarse. ¿Acaso les pasó como a nosotros, descubrieron que la persona que pensó que era casi perfecta también tenía algunos hábitos irritantes? La realidad de vivir juntos crea tensión, y es fácil enfocarse en lo negativo en lugar de lo positivo. ¿Por qué pasa esto? Observen el siguiente diagrama:

¿En dónde se enfocaron sus ojos inmediatamente? ¿En el pequeño punto negro? Solemos ignorar el espacio en blanco y vemos solamente el punto negro. De la misma manera tenemos la tendencia a concentrarnos en los defectos de nuestra pareja o en sus puntos débiles. ¿Por qué? ¿Acaso estamos dejando resaltar nuestras propias inseguridades?

Es difícil darle ánimo a la otra persona cuando uno mismo se siente inseguro. Si está luchando con problemas personales, una de las cosas más saludables para enriquecer el matrimonio es conseguir la ayuda de un consejero o psicólogo.

Sin embargo, muchos de nosotros lo que necesitamos es simplemente reenfocarnos para encontrar lo positivo. Una esposa en uno de los seminarios de Matrimonio Lleno de Vida nos confió: «Con mi esposo suelo enfocarme en lo negativo y concentrarme en sus debilidades. Ignoro las cosas positivas de él. Ahora me estoy dando cuenta de que todas las relaciones de pareja fluyen constantemente. No se estancan. Quiero que nuestro matrimonio siga hacia adelante y crezca. A partir de ahora me comprometo a buscar diariamente maneras de reafirmar a mi marido».

Johann Wolfgang Von Goethe, el gran poeta y filósofo alemán, dijo: «Si tratas a un hombre como es, se quedará como es. Si lo tratas como si fuera lo que debería y podría ser, se convertirá en ese hombre mejor y más grande». Empiecen a mirar a su pareja a través de los ojos de Goethe. Tal vez su pareja esté en el proceso de asumir un riesgo; tal vez esté aprendiendo algo nuevo o hasta haciendo un cambio de carrera. ¿Por qué no reafirmar y reconocer el potencial de su pareja y su deseo de crecimiento y cambio? Los siguientes pasos les ayudarán a enfocarse en lo positivo.

Concéntrese en el potencial de su pareja

Todos nosotros tenemos fortalezas y debilidades. Las fortalezas y las debilidades no nos aseguran ni el éxito ni el fracaso. Ellas son apenas el ambiente en donde se desarrolla nuestro matrimonio. Debemos dejar sobresalir el potencial de cada uno. (En el próximo capítulo explicaremos con más detalle cómo lograr esto.) Aun en nuestras áreas débiles podemos aprender el uno del otro. ¿Cómo responderían a lo siguiente?

Su pareja es una persona muy rigurosa en cuanto a la organización, y usted es el ejemplo perfecto del dicho: «La gente creativa no es ordenada». ¿Cómo reaccionaría?

- ¿Ni siquiera trataría de ser organizado(a) porque no quiere competir y perder?
- ¿Criticarla a la persona por ser demasiado organizada?
- ¿Valoraría su talento de organización, expresaría verbalmente esa apreciación y trataría de aprender de su pareja en esta área?

Considere otra situación: Usted es una persona ermitaña, pero su pareja tiene el don de la palabra. ¿Cómo responde?

- ¿Critica a su pareja por hablar demasiado?
- ¿Envía a su pareja a ser su representante en todas las presentaciones sociales?
- ¿Aprecia su talento natural, expresa verbalmente su apreciación y se beneficia de sus conocimientos?

Cada día que pasa tomamos la decisión de aprovechar el vigor que nuestro pareja aporta a nuestro matrimonio o de sentirnos amenazados por esta fuerza. ¿Aprecia usted la energía que su pareja brinda a la relación matrimonial?

Si lo hace, esto les ayudará a sobrellevar los tiempos difíciles. En nuestra experiencia, encontramos que cuando afirmamos los puntos fuertes de cada uno, algunos de nuestros momentos más difíciles se tornaron positivos.

El año anterior, al empezar a trabajar de lleno en el enriquecimiento del matrimonio y la familia, fue un año difícil. El año entero lo pasamos entre juntas, propuestas, plazos, demoras y más demoras. Pasaron días y noches en tal estado de tensión que casi renunciamos. Nos parecía que cada tres pasos hacia adelante, dábamos dos atrás. Si no nos hubiéramos alentado el uno al otro, creemos que no hubiéramos llegado al fin del año.

Yo halagaba a Claudia por su creatividad y su habilidad de organización, los cuales nos ayudaban a formular claramente nuestras propuestas. Por su parte Claudia alababa mi entusiasmo al promover dichas propuestas ante la corporación y los fundadores. La disciplina y la ambición de Claudia mantenían vivo nuestro sueño, pero cuando ella se desanimaba, mi constancia deliberada y metódica nos daba estabilidad y nos ayudaba a esperar hasta obtener de la corporación la aprobación para diversificarnos. Actuando solos, cualquiera de los dos se habría dado por vencido. Hagan que su meta no sea la competencia, sino la cooperación.

Lleven un registro de las cosas positivas y negativas

El Dr. Gottman, en su libro *Por qué los matrimonios tienen éxito o fracasan*, dice: «Deben tener por lo menos cinco veces más momentos positivos juntos que momentos negativos para que el matrimonio sea estable».[1] Observe sus interacciones con su pareja. Ocurre demasiado a menudo en los matrimonios que la proporción entre los momentos positivos y los negativos es de uno a cinco; no de cinco a uno. ¿Cuál es la suya?

Durante las próximas venticuatro horas, lleven una cuenta del número de cosas positivas en comparación con las negativas que le dicen a su pareja. Recuerden que cinco a uno es la proporción mínima. Sin embargo, el promedio de siete a uno es mucho más saludable.

Hagan una lista positiva

Cuando pensamos en forma negativa, nos es fácil expresar esos pensamientos negativos, pero cuando tenemos pensamientos cariñosos y positivos, a menudo los guardamos para nosotros mismos y no los expresamos. Vale la pena desarrollar y expresar los pensamientos positivos. Sin embargo, los hábitos estables toman tiempo y persistencia para desarrollarse, así que prepárense para perseverar. Primero hagan su propia lista de lo que aprecian de su pareja. Una vez hecha, úsenla cada día para darle a su pareja una razón por la que se casaría con él/ella otra vez.

Cuando sientan que se están acercando a un patrón de pensamientos negativos, saquen la lista y piensen en las cualidades positivas de su pareja. Continúen transformando esos pensamientos positivos en afirmaciones verbales. Piensen que se trata de un recipiente de expresiones positivas reciclables. Desarrollen el hábito de elogiarse el uno al otro.

Expresar elogios honestos

Cuando elogiamos a alguien, lo valoramos. Dos verbos descriptivos para *elogiar* son: *alabar* y *hacer cumplidos*. Dos antónimos de *elogiar* son *culpar* y *condenar*. ¡Es fácil distinguir las acciones que alientan y promueven el desarrollo!

Déjennos añadir nuestra propia definición de elogiar.

Elogiar es describir lo que uno aprecia.

Aquí hay unos ejemplos prácticos de cómo alabarse el uno al otro.

Sean específicos

Por ejemplo:

«Aprecio tu iniciativa y tu creatividad en nuestra relación sexual».

«Agradezco tu consideración de llamarme cuando vas a llegar tarde».

«Me gusta la forma en que me escuchas cuando te digo lo que siente mi corazón».

Describan, no comparen. La comparación nos puede traer problemas, por ejemplo, le pueden decir a su pareja:

«¡Besas mejor que nadie en el mundo!» Esto puede causar que su pareja piense: «¿Y tú cómo lo sabes?» o «¿Con quién me estás comparando?» Sería mucho mejor decir: «Me gusta la manera en que me besas».

Sean sinceros

La adulación es un elogio falso. Hace que el receptor se sienta incómodo y manipulado. Pero es alentador recibir un cumplido honesto. Si nos esforzamos en mejorar en algo específico, es grandioso que nuestra pareja lo note.

Hace un par de años, motivada por una lesión en la espalda, Claudia trabajó fielmente en su rehabilitación física. Levantaba pesas, hacía ejercicio regularmente, y caminaba una milla en quince minutos. Mientras que lo que más la motivaba era tener una espalda sana, los beneficios secundarios incluyeron un mejor tono muscular, menos flacidez, y una reducción en los números de la balanza. A medida que yo notaba estos cambios, Claudia agradecía mis comentarios positivos: «Oye, te ves muy bien en esos pantalones».

Sean verbales

Podemos tener toda clase de pensamientos agradables acerca de nuestra pareja, pero la única forma de manifestar el poder de esos pensamientos es expresándolos con palabras.

Las parejas en un grupo de Matrimonio Lleno de Vida estaban estudiando cómo darles ánimo a sus parejas. La mayoría admitieron que no habían desarrollado el hábito del elogio. Todos se pusieron de acuerdo en dirigirse cinco cumplidos durante la próxima semana. Al final de la semana una esposa nos confió: «Me sentí extraña al escuchar las palabras de ánimo y elogio que salían de mi boca. Sin embargo, decirlas me ayudó a ver a mi esposo de una manera diferente».

Tomen un momento para pensar en el día de hoy o de ayer. ¿Criticaron a su pareja? ¿Fueron generosos/as con las palabras de elogio? Recuerden que elogiar es un acto verbal, y luego consideren estas maneras de practicar el elogio.

Sean creativos

Utilicen elogios escritos. No pasen por alto el elogio escrito. Consideren dejar pequeñas notas para que su pareja las descubra. Es divertido recibir tarjetas y cartas. Nuestra amiga Lucy, casada más años que nosotros, frecuenta los negocios de tarjetas. ¡Si encuentra una tarjeta que le gusta, pero no dice exactamente lo que ella quiere, la edita!

Busquen maneras de ser creativos y abundantes con sus cumplidos. Para un día de Acción de Gracias (o *Thanksgiving*), Claudia hizo un acróstico para mí y para cada uno de nuestros hijos que decía así:

David es...

T ruthful	Sincero
H elpful	Amable
A thletic	Atlético
N ice	Agradable
K ind	Bondadoso
S uper	Súper
G reat Dad	Padre Maravilloso
I ntelligent	Inteligente
V ery creative lover	Amante muy creativo
I nteresting	Interesante
N ever a bore	Nunca aburrido
G regarios	Sociable

Pueden hacer una buena compra de tarjetas del día de San Valentín el 14 de febrero. Recuerdo que un año compramos un montón y las escondimos en varios lugares durante el año. Cuando alguno de nosotros hallaba una, la escondíamos nuevamente para que el otro la encontrara.

Hagan una lista. Hagan una lista de cosas que aprecian de su pareja. Nuestro amigo Joe hizo una lista de treinta y una cosas que apreciaba de su esposa, Linda. Las escribió a máquina, las cortó, las dobló, las puso en cápsulas y se las dio a Linda con la siguiente prescripción: «Tomar una al día por un mes».

Dense cupones. Los cupones siempre son divertidos. Incluyen cosas como:

1. Un masaje de espalda con aceite caliente
2. Desayuno en la cama
3. Cena para dos en su restaurante favorito
4. Una caminata de cinco millas juntos

Dar un regalo sin razón alguna

Una vez, en una promoción especial de unas tiendas, compré varios frascos de perfumes y lociones. Los envolví por separado y cada noche escondía uno bajo la almohada de Claudia. La primera noche, ella se sorprendió; la segunda noche, se sorprendió aun más; y la tercera y cuarta noches se acostó más temprano, ansiosa por ver su sorpresa.

Solo una advertencia: ¡Si su pareja lee este capítulo y le empieza a dar regalitos, tarjetas, y una atención especial, disfrútelo! Por favor, no diga: «¡Ya sé, lo estás haciendo porque lo leíste en el libro de los Arp!» Al contrario, muestre su agradecimiento y aprecie la creatividad de su pareja, agradezca tener una pareja tan considerada.

Y después, aprendan a reírse juntos.

DESARROLLAR UN BUEN SENTIDO DEL HUMOR

*L*a mejor amiga del ánimo es la risa. Hay ocasiones en la vida en las que pueden decidir si reír o llorar. Nosotros tratamos de escoger reír. La risa disipa la tensión. Es buena para la salud física, y definitivamente es buena para la salud de su matrimonio.

Cuando nos reímos juntos, es como si nos afirmáramos más. Cuando nos encontramos bajo mucha tensión, nos beneficiamos al tratar de encontrar una manera para relajar la situación. Dan y Laura, como muchas otras parejas, nos han contado lo divertido que es tener mascotas y cómo estas pueden aliviar la tensión. Esta es su historia:

La presión de la facultad de medicina, el trabajo, y otras responsabilidades estaban dejando sus estragos. ¡Después de un largo día de trabajo, Laura entró al pequeño departamento y encontró a sus tres gatos vestidos con corbatas! Dan les había puesto sus corbatas a los gatos para hacer reír a Laura. (Y lo consiguió.)

Todos tenemos situaciones difíciles en nuestras vidas. Si podemos dar un paso hacia atrás, no tomar las cosas con tanta seriedad y encontrar algo de lo cual reírnos, así como lo hicieron Dan y Laura, podremos mantener nuestra relación de pareja a un nivel más positivo.

Sugerencias para desarrollar un mejor sentido del humor

Si sus personalidades no son naturalmente risueñas, aquí tienen algunos consejos para ser más joviales.

Dense permiso para ser menos que perfectos. Nadie es perfecto, ¡ni usted ni su pareja! Si no se toman tan seriamente las cosas, se podrán relajar, y será más fácil reír y ver el lado bueno de la vida. Si el bromear es parte natural de su relación, considérense afortunados. Pero tengan cuidado, porque no hay mucha diferencia entre las bromas y las humillaciones. Ríase con su pareja, pero solo de ustedes mismos.

Cultiven el humor. Nosotros ponemos caricaturas y chistes en la puerta de nuestro refrigerador, y tratamos de buscarle el humor a cada situación, especialmente a las más irritantes. Hace poco, mientras esperábamos sentados en el aeropuerto de Miniápolis a que saliera nuestro vuelo ya cancelado por tercera vez, David me miró y me dijo: «Ay, ¿no es divertido ser parte del *«jet set»* o la alta sociedad?» Luego observamos a los otros pasajeros cuando el representante de la aerolínea anunció que había «dificultades mecánicas» con el avión que estábamos apunto de abordar. Mirando a mi alrededor y viendo a todos los pasajeros disgustados, dije: «Esta tiene que ser la vida de los ricos y famosos».

Una vez más, el humor vino a nuestro rescate. Algunas de nuestras fuentes de humor son:

1. La sección de caricaturas del periódico.
2. Libros de chistes y otras escrituras humorísticas.
3. Conversaciones de amigos y asociados de negocios.
4. Películas cómicas como *El padre de la novia, primera y segunda parte»* o cualquier comedia clásica.
5. Correos electrónicos que recibimos de nuestros amigos.

Encuentren amigos chistosos. Si los dos son del tipo formal, traten de conocer a algunas parejas divertidas. Hace años, cuando estábamos dirigiendo un seminario de Matrimonio Lleno de Vida en nuestro hogar en Viena, Austria, una de las parejas participantes era demasiado seria. Ambos eran cantantes de ópera, y también ambos introspectivos e intensos. Les sugerimos hacer algunas amistades con parejas que no fueran tan serias. Aceptaron nuestra sugerencia, y tener amigos divertidos les ayudó a relajarse, reír más y disfrutar la vida de una manera nueva. El humor se convirtió en una de las formas de alentarse el uno al otro.

AHORA ES SU TURNO

*L*es hemos dado tres recomendaciones para animarse el uno al otro. El reto es ver lo positivo en su pareja, hacer afirmaciones y elogios sinceros, y desarrollar un buen sentido del humor. Ahora les toca a ustedes poner nuestros consejos en práctica. Terminamos este capítulo con un reto: Escriban una carta de estímulo a su pareja.

Una parte favorita de nuestro seminario de Matrimonio Lleno de Vida es cuando les damos a las parejas la tarea de escribir una carta de afirmación a su cónyuge. Luego, varios meses más tarde, les enviamos las cartas por correo. No es necesario que esperen asistir a uno de nuestros seminarios. Escríbanle hoy una carta de elogio y afirmación a su pareja, describiendo lo que aprecia de él o ella. Si la manda por correo, especialmente si la envía a la dirección de una oficina, escriba «personal» en el sobre (¡Estas cartas han llegado a la tablilla de anuncios de varias compañías!) Póngale una estampilla y mándela por correo. Quién sabe, quizá reciba una de vuelta de su pareja.

Rick y Sophie, participantes de un seminario reciente, nos dijeron lo entusiasmados (y frustrados a la vez) que se sintieron cuando llegaron sus cartas. Sophie nos dijo: «Nos encantó recibir nuestras cartas, pero el día que llegaron fue uno de esos días locos. Los dos estábamos en medio de proyectos importantes en el trabajo, y esa fue la semana en que nuestras tres niñas tenían veinte mil actividades extras en la escuela. (Necesitaban un chofer a toda hora y yo fui la escogida.) Rick y yo decidimos no abrir nuestras cartas, sino guardarlas hasta que tuviéramos tiempo de estar a solas. Unas semanas más tarde, los padres de Rick invitaron a nuestras hijas a pasar el fin de semana con ellos. Vimos esta como una gran oportunidad para una escapada romántica. Hice reservaciones en una pintoresca cabaña en las montañas. Afortunadamente, nos acordamos de traer las cartas. Esa primera noche después de una cena romántica las abrimos y las leímos».

Rick agregó: «¡A partir de ese momento la noche continuó mejorando!»

Ahora depende de ustedes hacer su propia lista positiva. Escriban su propia carta. Busquen el humor. ¡Alienten hoy a su pareja, y su matrimonio mejorará!

Es hora de su Cuarta Cita.
¡Pasen a la Cuarta Cita en la Guía de Citas y
prepárense a motivarse y a ser motivadores!

Nota:

1. Dr. John Gottman, *Why marriages succeed or fail,* Simon & Shuster, New York, 1994, p. 29.

ENCONTRAR UNIDAD EN LA DIVERSIDAD

*D*os personas pueden vivir juntas por muchos años y sin embargo ver la vida desde perspectivas totalmente diferentes. Consideren a nuestra amiga, quien nos escribió acerca de su viaje a Europa:

> Pensando en escribir sobre nuestro viaje, leí las notas de Ed y pensé que podríamos combinar nuestros diarios, pero ahora me pregunto si hicimos el mismo viaje. Él recuerda cuán lejos es desde Estocolmo a cualquier otro sitio, cuál era el cambio monetario, qué desayunábamos, cuántas veces comimos solos y la dirección de cada oficina de aerolíneas en los cuatro países. Yo en cambio había escrito en mi diario acerca de lo que habíamos hecho juntos, los lugares visitados y la gente interesante que habíamos conocido. Es realmente una verdad trillada que los opuestos se atraen y que Dios une a personas diferentes para poner de manifiesto lo mejor de cada uno. Así que si quieren saber cuán lejos fuimos, si al norte o al sur, pregúntele a Ed. ¡Yo no tengo idea!

¿Alguna vez se ha preguntado si usted y su pareja están haciendo el mismo viaje? Sabemos que los opuestos se atraen; sin embargo, la misma característica que le atrajo de su pareja —su naturaleza despreocupada, relajada y sin prisa, siempre con tiempo para la gente— con el tiempo puede más bien causarle irritación.

DESCUBRIR NUESTRO EQUIPO

Somos muy diferentes el uno del otro, y a veces esas diferencias crean tensión en nuestra relación de pareja. Durante los primeros ocho años de nuestro matrimonio, tratamos de cambiarnos el uno al otro, pero simplemente no funcionó.

Yo no entendía por qué Claudia no podía «reírse de las cosas» y tomaba la vida tan seriamente. Claudia, por su parte, quería que yo fuera más introspectivo y analítico.

Fue entonces cuando hicimos un cambio de trabajo que requería una serie de exámenes psicológicos. Aún recordamos el día en que llenamos esas páginas. David despreocupadamente marcó las respuestas de su examen mientras veía el partido de fútbol en la televisión. Yo razoné con cuidado cada respuesta y las verifiqué para asegurarme de que había sido consistente.

A la semana siguiente nos entrevistó el Dr. Blaudau, un psicólogo. Sentado en su escritorio, miró los resultados de nuestros exámenes: «David, aquí están tus puntos fuertes». A medida que el Dr. los enumeraba, David empezó a sentirse cada vez mejor. El Dr. Blaudau continuó: «Ahora estas son las áreas en las que eres débil». ¡Esto fue mucho menos grato para David, pero el psicólogo había dado en el blanco!

Luego siguió el mismo procedimiento conmigo, enumerando mis puntos fuertes y débiles. Posteriormente, mirándonos a ambos, dijo: «David y Claudia, estas son las áreas en las que concuerdan, y estas son aquellas en las que tienden a tener problemas». Su precisión fue increíble, no se le pasó nada. A partir de ahí nuestro respeto por los exámenes psicológicos aumentó en un trescientos por ciento. Lo que nos dijo a continuación fue uno de los desafíos más grandes para nuestras vidas: «David, probablemente notaste que tus áreas débiles son las áreas fuertes de Claudia, y Claudia, tus áreas débiles son las áreas fuertes de David. Si mutuamente trabajan en las áreas fuertes de cada uno sin sentirse amenazados por el otro, tienen el potencial de desarrollar una extraordinaria asociación matrimonial».

Nos gustaría decir que pusimos en práctica su consejo inmediatamente, pero no ocurrió así. Es difícil admitir que la debilidad de uno es la fuerza del otro y viceversa.

Nos llevó tiempo y práctica y a veces nos fue incómodo, pero tomamos seriamente el reto del Dr. Blaudau. Sabíamos que siguiendo su consejo, podríamos ser un equipo muy fuerte.

EL DILEMA DEL BOLETÍN

*U*no de nuestros primeros intentos para aplicar este principio fue al escribir nuestro boletín de noticias. Por algún tiempo hemos mandado nuestro boletín varias veces al año a aquellos interesados en nuestro trabajo. A través del tiempo, el boletín se había convertido en una gran fuente de frustración y conflicto. Redactar los boletines no era la actividad favorita de David, sin embargo por alguna razón (aún desconocida para nosotros), él se sentía responsable por su redacción. Mis tiernas insinuaciones, y a veces no tan tiernas, tampoco ayudaban a motivar a David. Sin embargo, cuando finalmente se sentaba a escribir, no paraba, resultando con un boletín demasiado largo y lleno de detalles.

Luego David me lo entregaba. Y yo, editora por naturaleza, ayudaba con toda mi experiencia: «Es muy largo. ¿Por qué incluiste esta parte? Omite esto. Deja que te ayude». A partir de ahí, David solo quería que lo dejara solo. Él sabía que a mí me gustaba escribir; conocía mi habilidad, pero no se beneficiaba de mi fortaleza.

Después de nuestra entrevista con el Dr. Blaudau, cuando llegó el momento de redactar el próximo boletín, cambiamos nuestra estrategia. ¿Si a mí realmente me gustaba escribir, por qué no intercambiar papeles? Juntos planeamos la agenda para cada boletín. Luego escribí el primer borrador, y como a mí me motiva oír observaciones, David lo leyó y me dio sus sugerencias. Juntos editamos y reeditamos la hoja informativa. Ya que David es el detallista, él se responsabilizó de imprimir los boletines, llenar los sobres, poner las estampillas y enviarlos. Anteriormente David siempre se había sentido frustrado cuando yo compraba estampillas de correo sencillas. Ahora él se encargaría de la selección de estampillas. En febrero, la estampilla diría «amor» o al menos tendría un corazón. Otras veces el color de las estampillas hacía juego con el color del boletín.

Nuestro experimento inicial de concentrarnos en las áreas fuertes del otro tuvo tres resultados. Primero, nuestro boletín mejoró. Segundo, nuestra relación de pareja mejoró. Y tercero, a medida que los dos usamos nuestras fortalezas, aprendimos el uno del otro.

A través de los años, la escritura de David se ha vuelto más clara y concisa. Ahora, escribimos libros juntos. Yo he mejorado con los detalles, y si me toca a mí comprar las estampillas, hasta me fijo en aquellas especiales.

PRACTIQUEN EL EQUILIBRIO

*E*l manejo de las finanzas es un área donde nosotros tratamos de equilibrar nuestras fortalezas y debilidades. Hemos tratado las estrategias de «David lo hace todo» y «Claudia lo hace todo». (¡Lo último resultó en un verdadero desastre!) No siempre estuvimos de acuerdo con el manejo de nuestras finanzas, y esto produjo tensión y frustración en la relación. ¿Cómo cambiamos? Primeramente, evaluamos nuestras áreas fuertes.

David tiene estudios de ingeniería matemática (él es el detallista), así que ahora él controla el presupuesto básico. Poner al día los saldos de la chequera, pagar las cuentas y encargarse de nuestros impuestos le resulta fácil. Esto no significa que yo no opine acerca de nuestras finanzas. Siempre estoy al tanto de los talonarios de los cheques y de los recibos de la tarjeta de crédito. Juntos elaboramos nuestro presupuesto.

Por otro lado, Claudia es la jefa de las compras. Ella puede ver una oferta a cuatro tiendas de distancia. Siempre encuentra maneras de utilizar mejor nuestro dinero en la ropa y en el hogar, y casi siempre hace las compras de la comida. Cuando yo voy al supermercado, suelo volver con quince latas de sopa y cuatro libras de bizcochos y bocadillos, pero sin la leche y el pan necesarios.

¿Nos ponemos siempre de acuerdo en cuanto a las finanzas? Por supuesto que no, pero tenemos que aprender a comunicarnos, comprometernos, y desarrollar nuestro propio plan de cómo ganar, ahorrar, dar y gastar nuestro dinero. Trabajar juntos nos ha beneficiado mucho, y especialmente a nuestras finanzas.

CONOZCAN SUS ÁREAS FUERTES

*P*ermitan que les motivemos a descubrir sus áreas fuertes y débiles y a estimularse el uno al otro para que se desempeñen lo mejor posible en estas áreas. No es necesario tomar una serie de exámenes psicológicos para determinar las áreas fuertes y débiles. Sin embargo, si se les presenta la oportunidad, les aconsejamos que lo hagan. Recomendamos varios de los siguientes exámenes psicológicos que pueden ser administrados por un terapeuta. Hasta pueden encontrar algunos de ellos en programas de CD-ROM.

El indicador de tipo Myers-Briggs[1]
La prueba DiSC
Los exámenes del libro *Por favor entiéndeme*
El análisis del temperamento Taylor-Johnson
Lista de evaluación matrimonial

Ustedes pueden empezar a identificar sus áreas fuertes como pareja. Tomen también en cuenta sus áreas diferentes, ya que estas pueden ayudarlos a equilibrarse el uno al otro, especialmente si aprovechan esas diferencias y no se sienten amenazados por ellas. En las áreas donde tengan fortalezas similares, busquen maneras de trabajar en armonía juntos.

¡Descubran sus diferencias! En nuestro caso, David es despreocupado y tranquilo; le encanta la noche. Yo me inclino más hacia la actividad, a cumplir con los horarios, y me encanta levantarme muy de mañana.

Descubran en qué se parecen. Nosotros tenemos algunos aspectos similares. Somos aventureros y espontáneos y nos gusta explorar cosas nuevas.

¿Pueden pensar en algunas maneras en las que sus diferencias equilibren su relación matrimonial? ¿Existen áreas de tanta similitud que podrían resultar en desventajas? Por ejemplo, si a ninguno de ustedes les gusta estar atados a horarios, pueden empezar a trabajar duro para ser puntuales.

DESCUBRAN SUS VALORES COMO PAREJA

*P*ara construir un matrimonio robusto debemos aprender cómo beneficiarnos de nuestras similitudes y diferencias. Consideren un diagrama con varias líneas continuas representando algunas de las muchas polaridades humanas. Al mirar cada línea, piensen en su propio matrimonio. Ambos lados de cada línea tienen fortalezas y debilidades, ventajas y desventajas. El lado en el que usted o su pareja tiendan a estar es menos importante que el hecho de comprender que somos diferentes. Ver dónde se encuentran ubicados en cada línea del diagrama les ayudará a identificar sus oportunidades y a encontrar el equilibrio como su pareja.

Algunas líneas tienen tendencias de género, pero hay demasiadas excepciones como para poner a los hombres de un lado y a las mujeres del otro. También de vez en cuando nos encontramos en lugares diferentes en estas líneas. Por ejemplo, en algunos grupos pueden ser muy extrovertidos, y en otras ocasiones callados e introvertidos.

Aunque la personalidad humana y las relaciones son increíblemente complejas, las siguientes líneas pueden aumentar su propio entendimiento de sí mismo/a, su pareja y su relación. Piense en cada línea, cómo sube y baja, y considere cómo pueden equilibrarse el uno al otro. Si ambos están en el mismo lado de la línea, piensen cómo pueden compensarse. Primero veamos la línea de Sentimientos/Hechos.

INCLINADO HACIA LOS SENTIMIENTOS/LOS HECHOS

*L*a persona que se deja llevar por sus emociones suele expresar sus sentimientos y emociones fácilmente. A esta persona le gusta un ambiente abierto y si siente tensión en la relación de pareja, se esfuerza por aclarar las cosas. Es muy importante para la misma resolver el conflicto y no dejar «que el sol se ponga» sin haber resuelto el problema. Una persona así necesita la afirmación de la otra. La persona que se deja llevar por los sentimientos se inclina más hacia las relaciones que aquella persona que se deja llevar por los hechos.

La persona que se deja llevar por los hechos habla más para expresar ideas y comunicar información que para expresar sentimientos. Esta persona prefiere no enfrentar sentimientos desagradables y hasta se siente incómoda cuando se presentan situaciones emocionales, prefiriendo la coexistencia pacífica a ser confrontada con emociones. Le interesa, más que la gente, sus propias metas. Nuestro amigo Ed se deja llevar por lo hechos; él recuerda los sucesos del viaje, el valor de los boletos del tren y a qué hora llegaron al hotel. Él hace referencia a todo en base a los hechos. Su esposa, que se deja llevar por los sentimientos, recuerda el placer que sintió al caminar por los campos de tulipanes, o el trauma que experimentó al tratar de comunicarse con aquellos que no hablaban inglés. Para ella todo está enmarcado en base a las emociones que tiene en cualquier momento.

Supongamos que ustedes estén tratando de encontrar una solución para una situación determinada. Uno de ustedes se deja llevar más por los hechos y el otro por los sentimientos. Sus perspectivas diferentes pueden ser beneficiosas. Si toman una decisión basada puramente en los sentimientos, eso podría causar problemas. De otro modo, si la decisión está basada por completo en una información cognoscitiva, podrían estar pasando por alto información importante.

Consideren el ejemplo de una pareja que procura escoger el mejor preescolar para su hijo de tres años. Si el cónyuge que se deja llevar por los hechos es el que toma la decisión por sí solo, los factores que más influenciarán serán el costo, la cercanía a la casa, la compatibilidad de horarios, y la proporción de estudiantes a maestros. Si el cónyuge que se deja llevar por los sentimientos tomara la decisión por sí solo, los factores de más influencia serían más subjetivos: salones decorados, maestros agradables y comprensivos, y niños con buen estado de ánimo. Como pueden ver, todos estos factores son importantes y necesarios para tomar una decisión profunda y equilibrada. Una manera de pensar no es más o menos importante que la otra.

En su propia relación de pareja, lo que les puede ayudar para alcanzar una solución equilibrada es identificar cuál es el punto de vista de ambos. Deténganse ahora y encuentren su lugar sobre la siguiente línea. Luego ubique sobre la misma línea a su pareja:

SENTIMIENTOS   **HECHOS**

¿Se equilibran el uno al otro? David se deja llevar más por los sentimientos que yo, que suelo dejarme llevar más por los hechos. David es sensible a lo que está pasando emocionalmente. Fue más fácil para él identificarse con nuestros hijos, en especial durante su adolescencia, mientas que yo, con mi enfoque cognitivo, mantuve nuestro barco navegando hacia adelante. Como padres y como pareja, descubrimos que tomamos mejores decisiones cuando hablamos conjuntamente de las emociones y los hechos. ¡Ambas perspectivas son importantes!

¿Y qué pasa si están del mismo lado de la línea? Por ejemplo, si ambos se dejan llevar por los sentimientos, es fácil dejarse influir por la emoción del momento y pasar por alto los hechos, como la pareja que buscaba un coche nuevo. Los dos se dejaron llevar por la emoción y se comprometieron a comprar un coche nuevo cuando apenas tenían el presupuesto para comprar uno usado. Ellos hicieron caso omiso de su realidad financiera y terminaron con un pago por el coche demasiado alto para su limitado presupuesto. La próxima vez que ellos compren un auto, compensarán sus debilidades, haciendo cuentas y decidiendo cuánto pueden gastar antes de ir a los concesionarios de autos. Por otra parte, si ambos se dejan llevar por los hechos, tomar una decisión basada solamente en hechos es imprudente. Muchas veces hay factores emocionales que no se toman en cuenta y necesitan considerarse. En el ejemplo del coche, si los dos consideraban solo los hechos, hubieran comprado un auto por el cual podrían haber pagado, pero que ambos hubiesen detestado manejar. Así que la próxima vez que se enfrenten con una decisión importante, hablen de los dos aspectos, el de los hechos y el de las emociones. El primero resulta más fácil, pero posiblemente tengan que cavar más profundamente para desenterrar los verdaderos temas emocionales.

PRIVADO/ PÚBLICO

Otra línea continua es la de la vida privada y pública. A los privados les gusta estar solos y tener tiempo a solas como pareja. Se retraen de los grupos. Jay y Laura, ambos privados, recientemente asistieron a nuestro seminario de Matrimonio Lleno de Vida. A ellos les encantaría vivir en una isla desierta y tener muy poco que ver con los demás. Jay y Laura protegen por naturaleza su tiempo privado, pero podrían beneficiarse de una mayor participación con otros. Les sugerimos que se juntaran con un grupo de parejas o participaran en una liga de bolos, o que hicieran una lista de parejas con las cuales relacionarse y de vez en cuando las invitaran a cenar o a tomar un café.

Kelly y Mike son justamente lo opuesto. Ambos son públicos. Para ellos cuanto más gente, mejor. ¿Para qué sirven las vacaciones si no para también traer a los amigos? La gente los vigoriza, se preocupan profundamente por los demás y se involucran en la vida de otros. Para encontrar su equilibrio, Kelly y Mike necesitan planear algún tiempo a solas. La pareja se construye entre dos, y por esto deben asegurarse de planear suficiente tiempo para «dos» con el fin de que su relación se mantenga saludable y crezca.

Consideren otra pareja, Carl y Sandy están en lados opuestos de la línea. A Carl le encanta la gente y continuamente invita a otros a compartir comidas, vacaciones, viajes, etc. Sandy es más privada y solo quiere estar con Carl. Uno de sus trucos favoritos es secuestrar a Carl por una noche para estar sola con él. Carl y Sandy trabajan para encontrar el equilibrio sin que una persona domine a la otra, respetando las preferencias de cada uno y tratando de tener ambos tipos de interacción. A menudo llegan a un acuerdo para encontrar el equilibrio entre estar demasiado involucrados con otros y no estarlo en absoluto.

¿Dónde se encuentran ustedes en esta línea?

PRIVADO   **PÚBLICO**

Si ambos son privados o ambos son públicos, ¿cómo pueden compensarse?

En nuestro caso, hay momentos en los que nos involucramos demasiado con los demás; por lo que tenemos que reorganizarnos y planear tiempo para estar a solas. A veces miramos el calendario del mes anterior para ver cómo nos está yendo. Esto ayuda a planificarnos mejor para el próximo mes.

Jay y Laura, la pareja privada de nuestro seminario, ahora se equilibra al planear cada mes un par de actividades en las que incluyen a otras personas. Por ejemplo, el mes pasado invitaron a otra pareja para salir juntos a ver antigüedades.

Si ustedes son opuestos, ¿cómo se pueden equilibrar? Por ejemplo, cada uno puede planear una actividad para las próximas semanas. Uno puede escoger invitar a algunos amigos a cenar en la casa, y el otro puede planear una cita para dar una caminata por un sendero solitario.

ESPONTÁNEO/ORGANIZADOR

*L*a persona espontánea es amiga íntima de aquella que se deja llevar por los sentimientos. Simplemente suele dejar que la vida siga, sin verse afectada por los problemas cotidianos. La espontaneidad es su forma de vida. Como resultado, realiza cosas divertidas y excitantes. Las cosas del diario vivir quizás las ignore (como planear el menú, pagar las cuentas, o hacer la limpieza de la casa).

Por otro lado, al organizador le gusta la estructura, y puede sentirse amenazado por mucha ambigüedad. Esta persona es generalmente ordenada y prefiere hacer las cosas de la misma manera una y otra vez. Cualquier interrupción puede resultarle irritante si le impide llevar a cabo su rutina diaria. El organizador necesita un tierno estímulo para ampliar sus horizontes.

Entenderse a ustedes mismos y a su pareja posibilitará el equilibrio o la forma de compensarse. Por ejemplo, los Arp somos ambos espontáneos. El planear no nos emociona. Afortunadamente nuestra Mesa Directiva de Matrimonio Lleno de Vida nos ayuda a enfocarnos.

Si nos dejan solos, nos gusta hacer las cosas a último momento. Nos cuesta establecer objetivos y planear en detalle. ¿Y ustedes? ¿Dónde están en esta línea?

ESPONTÁNEO   ORGANIZADOR

Si ambos son espontáneos o ambos organizadores, ¿cómo pueden compensarse?

Por ejemplo, si los dos son espontáneos, pueden ponerse de acuerdo para verificar entre ambos antes de contraer nuevos compromisos. O si los dos son organizadores, pueden prepararle una sorpresa a su pareja. ¡Lo que organice, será «planificado» para ustedes, pero totalmente espontáneo para su pareja!

Si ustedes son opuestos, ¿cómo pueden equilibrarse? Quizás el organizador pueda ceder ante el espontáneo que dice: «¿Por qué cocinar esta noche? Salgamos a cenar fuera».

Por otra parte, el cónyuge espontáneo puede consentir en sentarse y escribir los planes para la próxima semana; «El próximo viernes cocinamos pescado a la parrilla».

ACTIVO Y FIRME/DESPREOCUPADO Y TRANQUILO

Nosotros somos tan diferentes en esta línea que tuvimos dificultad al definir los términos para describir la diversidad entre estos dos tipos de personas. Solíamos usar los términos activo y rápido, y pasivo y lento. Pero aún no estamos totalmente satisfechos con nuestros términos, así que trataremos de describir lo que queremos decir.

El propósito de la persona activa y firme es llegar a su meta. La misma está en constante movimiento. Si aquellos a su alrededor no tienen enfoque, ella con gusto les ayudará a organizarse. Tiene innumerables ideas y la energía para ponerlas en acción.

En cambio, resulta fácil estar cerca de la persona despreocupada y tranquila. Es flexible y raramente se molesta. Aunque no tome la iniciativa, ejerce su influencia de otras maneras. Esta persona suele tener una gran habilidad para escuchar a otros, razón por la cual muchos consejeros exitosos tienen estos atributos.

Nosotros somos opuestos. Claudia es la activista. Su definición de aburrido es «nada que hacer». A ella no le gusta tomar siestas durante el día (podría perderse de algo). Yo por mi parte prefiero dejar que la vida siga su curso, marcho a un son de tambor más lento (pero constante). Soy metódico y persistente, y me complace colocar todos los puntos y comas. En esta línea nos beneficiamos de la perspectiva diferente de cada uno, lo que nos mantiene equilibrados la mayoría del tiempo. ¡Pero no siempre! Como cuando Claudia se enfoca demasiado en un proyecto, pierde el sentido del tiempo y trabaja horas sin cesar. Yo en cambio no tengo problema alguno en interrumpir una tarea para tomar una siesta de quince minutos. Esto vuelve loca a Claudia. O como cuando necesitamos terminar un proyecto a tiempo, ¡y Claudia se enfoca en los puntos más importantes mientras yo me molesto porque faltan los detalles!

Ustedes, ¿dónde se ubican en la siguiente línea?

ACTIVO/FIRME   DESPREOCUPADO/TRANQUILO

Si ambos son activos y firmes, o ambos son relajados y tranquilos, ¿cómo pueden compensarse? ¿Necesitan tranquilizarse o acelerar? ¿Necesitan reducir su día de dieciocho horas? Y si son opuestos, ¿cómo pueden equilibrarse el uno al otro? Una manera en la que nosotros nos equilibramos mutuamente es permitiendo que David se encargue de los detalles que exigen constancia, como mantenernos al tanto de nuestras obligaciones mensuales y el manejo de nuestro calendario, mientras yo voy hacia adelante enfocándome en el producto final. Soy yo la que dice: «Hablemos de nuestros compromisos para el año próximo, y de cuántos viajes son razonables». David, por otro lado, diría: «¿Y qué hacemos con los detalles de hoy?» David también me tranquiliza cuando me acelero demasiado. En otras ocasiones, me gusta motivarlo a ser un poco más proactivo.

NOCTÁMBULO/MADRUGADOR

¿*P*or qué los noctámbulos se casan con los madrugadores? Porque esto les ayuda a sobrevivir la etapa de sus bebés y adolescentes. Al noctámbulo le toca la tarea de la noche. Los psicólogos nos dicen que nacemos con una orientación innata del tiempo.

¿Cuál es la suya? ¿Cuál es el tiempo más productivo de su día? ¿La mañana? ¿La tarde? ¿La noche?

Esta línea es la más fácil de identificar, pero la más difícil de equilibrar. Nosotros primero tratamos de cambiarnos el uno al otro, pero no funcionó. Sin embargo, a través de los años seguimos tratando de armonizar nuestros relojes. Mis ojos se cierran automáticamente al mismo tiempo que se abren los de David. El tiempo creativo de él es entre las 11 p.m. y las 2 a.m., mientras que el mejor tiempo para mí es temprano por la mañana, cuando David opina: «¡Nadie en sus cabales, debería levantarse tan temprano!»

En nuestro caso, uno de los beneficios de ser opuestos en esta área es que esto nos permite encontrar un espacio en nuestra relación de pareja. Nosotros trabajamos juntos por muchas horas. Pero a mí a veces me gusta ir a la cama temprano, y en cambio a David también a veces, le gusta sumergirse en uno de sus proyectos de medianoche. ¿Y ustedes, en dónde se ubican en esta línea?

NOCTÁMBULO   *MADRUGADOR*

Si ambos son noctámbulos o mañaneros, ¿cómo se pueden equilibrar? Muchas veces el trabajo o las circunstancias se harán cargo del problema. Uno de nuestros amigos noctámbulos es un cirujano, que debe levantarse temprano para sus cirugías o hacer sus rondas en el hospital. Su esposa, también noctámbula, trata de adaptarse a su horario. ¡Durante las vacaciones y cuando no están trabajando se pueden quedar despiertos toda la noche y luego pasar durmiendo todo el día!

Si ustedes son opuestos, ¿cómo se pueden equilibrar el uno al otro? Cuando teníamos adolescentes en la casa, era fácil para David quedarse despierto hasta que regresaran. Yo en cambio me encargaba de las tareas matutinas cuando uno de nuestros hijos necesitaba ir temprano a la escuela o tenía una excursión de deportes. Esto nos ayudó a reconocer que éramos diferentes y que no íbamos a cambiarnos el uno al otro (aunque lo intentáramos).

PUNTUAL/IMPUNTUAL

*E*sta es otra línea en donde nosotros los Arp somos diferentes. Aunque hemos encontrado algunos beneficios, también hemos tenido que controlar nuestras molestias. Claudia vive esclava del reloj. Una vez su reloj se paró por diez minutos antes de salir a una cita. Siguió mirando su reloj y concentrándose tanto en él, que no se dio cuenta por media hora de que ya no funcionaba.

Yo soy la persona clásica sin horario. Como dice el popular autor Garrison Kailor, estoy «feliz de estar aquí» El tiempo, ¿qué es eso? La solución que propuso Claudia ayudó. Me dio un reloj con tres alarmas, y a veces las usé todas. (¡Pero tenía que acordarme de por qué las había activado!)

Nosotros aprendemos el uno del otro. Claudia se ha relajado. Hasta a veces llega diez minutos tarde. Los dos llegamos a tiempo a las bodas, y ahora yo he aprendido a manejar un reloj de una sola alarma. ¿Dónde están ustedes en esta línea?

PUNTUAL   **IMPUNTUAL**

Si ambos se rigen por el horario o no es así para ninguno de los dos, ¿cómo pueden compensarse? Las alarmas, los relojes de alarma, las notas para ustedes mismos y una secretaria eficiente pueden ayudar. David tiene un programa en la computadora que le recuerda las cosas que tiene que hacer. ¡Hasta tiene un programa de recordatorios! Ya que él es una persona muy detallista, todo está en su computadora. Rara vez se retrasa cuando tiene que entregar algo a tiempo.

Si ustedes son opuestos, ¿cómo pueden equilibrarse el uno al otro? En esas ocasiones verdaderamente importantes (cómo llegar a tiempo a una entrevista con la prensa), David se esfuerza en ser puntual. Para otras ocasiones de menos importancia, yo trato de ser más flexible.

¿QUÉ HACEMOS CON LAS DEBILIDADES?

Nuestra meta en el matrimonio no es el ser iguales; somos muy diferentes. Pero necesitamos aceptarnos el uno al otro tanto beneficiándonos de nuestras varias fortalezas como aceptando nuestras distintas debilidades. Si ustedes se dan cuenta de que uno de los dos domina en la mayoría de las líneas, o se concentra únicamente en las debilidades del otro, este es el momento de reevaluar.

Un participante en un seminario nos preguntó: «Hemos pasado todo este tiempo estudiando nuestras fortalezas. ¿Cuándo vamos a hablar de las debilidades de nuestra pareja?» Le explicamos que acostumbrábamos hacer las dos cosas, pero una experiencia durante un seminario nos hizo reevaluar los beneficios y los riesgos de enumerar las debilidades del otro. Nunca olvidaremos una ocasión en que un esposo se nos acercó y nos dijo: «nosotros tenemos un verdadero problema en nuestro matrimonio, ¡yo tengo todas las fortalezas y mi esposa no tiene ninguna, solo debilidades! ¿Se supone que yo lo debo hacer todo?»

Por más que tratamos de ayudarlo, no tuvimos éxito en hacerle apreciar las diferencias con su esposa. Él se había encaminado por un sendero negativo del cual se negaba a salir. A través de los años su esposa había sido tan menospreciada que su autoestima era menos que cero. La negatividad del marido le había quitado la vida al matrimonio, y un seminario de fin de semana fue inadecuado para revitalizarlo. Concentrarnos en nuestras debilidades es como poner el dedo en la llaga. No nos trae la cura. Durante los últimos veinte años de dirigir nuestros seminarios de enriquecimiento matrimonial, hemos observado que podemos ayudar mucho más concentrándonos en las fortalezas de las parejas, y ayudándoles a ver las ventajas combinadas que tienen como matrimonio. Cuando hacemos esto, algo increíble ocurre. Aprendemos el uno del otro.

Solo una advertencia: Una fortaleza llevada al extremo puede convertirse también en una debilidad. Necesitamos continuamente buscar el equilibrio. Como pareja tienen la maravillosa oportunidad de equilibrarse el uno al otro y combinar sus fortalezas. Pero antes de que puedan ver y apreciar claramente estas ventajas, quizás necesiten dejar de reaccionar en forma inapropiada hacia su cónyuge.

TRATAR CON LAS REACCIONES INAPROPIADAS

¿*R*ecuerdan lo que les dijimos anteriormente? Lo mismo que le atrajo de su cónyuge antes de casarse, después del matrimonio puede volverse irritante. Lo que pasa a menudo cuando vemos diferencias en nuestra pareja es que nos molestamos y entonces reaccionamos en forma negativa.

Con frecuencia estamos tan preocupados con la perspectiva diferente de nuestra pareja que no podemos ver nuestra propia reacción inapropiada. Sugerimos cuatro pasos para aclarar nuestra propia visión.

Paso número uno: Enumeren las diferencias de su pareja que provocan en ustedes reacciones inapropiadas. En una hoja de papel, hagan dos columnas. En la columna de la izquierda enumeren las diferencias de su pareja que provocan una reacción de molestia en ustedes. En la columna de la derecha, enumeren las reacciones inapropiadas que han tenido por esas diferencias. Tal vez su pareja no se rige por los horarios y suele llegar tarde. ¿Supone usted automáticamente que a su cónyuge no le importa o está tratando de molestarles al no ser puntual? ¿Cuál es su reacción? ¿Le da un sermón, lanza un suspiro, o simplemente le aplican la ley del hielo (silencio total)?

Quizás encuentre que la forma en la que usted reacciona sea peor que las mismas diferencias que presenta su pareja. Si es así, reconozca su actitud negativa, y queme o destruya el papel. No se lo muestren a su pareja. ¡Este ejercicio es solo para sus ojos! Es posible que los siguientes ejemplos les ayuden.

Diferencias en mi pareja que provocan mis reacciones	Mis reacciones inapropiadas
1. Casi nunca en la casa, desea estar con otras personas	a) negligencia b) reproche c) comparación con otros d) crítica e) frialdad sexual
2. Gasta dinero despreocupadamente, ignora las cuentas	a) rechazo b) menosprecio c) enojo, ira d) silencio, indiferencia

Paso número dos: Reconozcan sus reacciones y actitudes inapropiadas.

Recuerden, el énfasis aquí es admitir sus propias reacciones y actitudes inapropiadas, no el de identificar o enfocarse en las diferencias de su pareja. Debemos aprender a asumir la responsabilidad por nuestras propias acciones y reacciones antes de poder dedicarnos a enmendar nuestras relaciones con los demás.

Paso número tres: Acepte a su pareja con sus virtudes y debilidades.
¿Se siente agradecido(a) por las virtudes y debilidades de su pareja? Recuerden, el temperamento de su pareja puede complementar el suyo. Es imposible cambiar a otra persona, solo nos podemos cambiar a noso-

tros mismos. Pero cuando nos concentramos en corregir nuestras propias reacciones y actitudes inapropiadas, a menudo pasan cosas maravillosas. Los otros cambian en reacción a nuestras sugerencias. Así que no pierdan el tiempo tratando de cambiar a su pareja. Concéntrense en ser la persona que su pareja necesita.

Paso número cuatro: Pídale perdón a su pareja por sus reacciones inapropiadas del pasado. Ninguna relación puede crecer sin perdón. Ningún matrimonio es perfecto, todos cometemos errores de vez en cuando. Las relaciones son como una planta en una maceta. La maceta puede romperse, pero si la planta se vuelve a sembrar en otra vasija, si se riega y se cuida con cariño, continuará creciendo y florecerá. El perdón es una parte vital del matrimonio. Sin él, las relaciones se mueren, como la planta en una maceta con las raíces expuestas al aire libre. Si su pareja le pide perdón, déselo. El director de un hospital mental dijo que la mitad de sus pacientes podrían regresar a sus hogares si fueran perdonados y supieran que los habían perdonado.

CÓMO PEDIR PERDÓN

Si necesitan pedir disculpas háganlo de la manera correcta. Enfóquense en lo que han hecho mal, no en los defectos de su pareja. Por ejemplo: «Cariño, estuvo mal reprocharte por llegar tarde al restaurante». No digan: «Siento haberte reprochado cuando llegaste tarde, pero sabes, ¡está mal que siempre nos hagas llegar tarde!» Recuerden, están usando una respuesta inapropiada, no aprovechen este momento para atacar a su pareja. Si atacan a su pareja, están atacando a su propio matrimonio.

Una advertencia: ¡Déjenos repetirlo! Si se dan cuenta que tienen que seguir estos cuatro pasos, no compartan su lista con su pareja. Este ejercicio es privado, solo para usted, para tratar con sus propias reacciones inapropiadas hacia su pareja.

ÚNASE AL EQUIPO DE SU PAREJA

Después de aclarar su propia visión, serán capaces de ver las fortalezas y las debilidades de su cónyuge de una manera nueva. ¿Ven formas en las que sus diferencias se complementan y le dan un equilibrio a su relación? Juntos pueden descubrir algunas formas de compensar aquellas áreas en las que sean demasiado similares. Aprecien lo excepcional y único de su relación matrimonial. Pueden construir una asociación maravillosa en base a sus fortalezas combinadas. Eso es lo que descubrieron Harold y Joy.

Varias semanas después de haber asistido a uno de nuestros seminarios de Matrimonio Lleno de Vida, Joy nos dijo: «En nuestros veintiocho años de matrimonio nunca le habíamos oído decir a una pareja cómo lograr ser un equipo, ¡para nosotros esto fue revolucionario! Nos habíamos empantanado tanto en nuestros papeles individuales (Harold supuestamente tenía que hacer esto, y yo supuestamente tenía que hacer aquello) que pasamos por alto el hecho de poder beneficiarnos de las fortalezas de cada uno».

«En el seminario nos desafiaron a concentrarnos en lo positivo y ver las ventajas de nuestras diferencias», dijo Harold. «Esto es un concepto totalmente nuevo para nosotros. Solo en unas pocas semanas hemos notado una gran diferencia. Todavía tenemos que esforzarnos. Es fácil regresar a los hábitos del pasado, pero vamos a seguir trabajando en esto, haciendo nuestro mejor esfuerzo».

Así como para Harold y Joy, quizás este sea un nuevo concepto para ustedes. Los invitamos a que lo intenten. Busquen los valores escondidos que tienen como equipo. Estén dispuestos a continuar aprendiendo y creciendo juntos. ¡Se sorprenderán de los tesoros que descubrirán como pareja!

Increíblemente, nosotros descubrimos que nuestros valores más grandes están en nuestras diferencias. ¿Y ustedes?

VOLVIENDO AL PSICÓLOGO

Empezamos este capítulo contándoles acerca de nuestra experiencia con el Dr. Blaudau y esa serie de exámenes psicológicos. Años más tarde, tuvimos la oportunidad de repetirlos y volver a sentarnos con el mismo psicólogo. Nos sorprendió y agradó saber que habíamos aprendido el uno del otro. Nuestras áreas débiles no eran tan débiles como pensábamos. Nos habíamos convertido en un equipo más fuerte. ¡Habíamos comprobado que esta técnica, funciona!

Los desafiamos a que lo comprueben por ustedes mismos. Esfuércense por lograr la unidad en su diversidad, y ustedes también podrán ser un equipo matrimonial sólido. ¡Esto enriquecerá su matrimonio y también su vida amorosa!

Pasen a la Quinta Cita, ¡y prepárense
para una cita extraordinaria
al encontrar unidad en la diversidad!

NOTAS

1. El indicador de tipo Myers-Briggs está disponible a través de Consulting Psycho-logistic Press Inc., 557 College Avenue, Palo Alto, CA 94306. El análisis de tempe-ramento Taylor-Johnson está disponible a través de Psychology Publications 5300 Hollywood Blvd., Los Ángeles, CA 90027. La lista de evaluación matrimonial está disponible en Psychological Assessment Resources, Inc., P.O. Box 998, Odessa, FL 33556.

CONSTRUIR UNA VIDA AMOROSA CREATIVA

*U*na niñita le preguntó a su abuela: «¿Cómo vine al mundo?» La abuela respondió: «Cariño, te trajo la cigüeña».

«¿Y mami? ¿Cómo vino ella?»

«La encontramos en un repollo», respondió la abuela.

«¿Y tú?», la nieta persistía.

«Mis padres me encontraron detrás de un rosal».

Al día siguiente, en su escuela, la niñita declaró en su clase: «¡No ha habido un parto normal en mi familia por tres generaciones!»

¿Cuáles fueron sus primeras impresiones sobre el sexo?

Tuvieron, como esta niñita, algún concepto erróneo?

¿Recuerdan la primera vez en que se dieron cuenta de la importancia que tiene la sexualidad en la vida?

¿Qué recuerdan de su hogar de origen? ¿Cuál de las siguientes declaraciones describe mejor el ambiente de su niñez?

- Mis padres nunca o rara vez hablaban de sexo
- Mis padres hablaban abiertamente de sexo de una manera natural y positiva.
- Mis padres rara vez mostraban afecto físico entre ellos o hacia mí.
- Vengo de una familia muy cariñosa. Mis padres fueron muy afectivos entre ellos y conmigo.
- Me era incómodo preguntarles a mis padres sobre el sexo. Prácticamente lo aprendí de otras fuentes.
- Recibí mensajes contrarios acerca del sexo. No estaba claro para mí si era algo positivo o negativo.
- En base a la actitud de mis padres, consideraba el tener relaciones sexuales como algo dentro de mi matrimonio algún día.

Si sus padres se sentían cómodos al hablar de la palabra que empieza con «S» y eran abiertos, honestos, y positivos al hablar con ustedes acerca del sexo, siéntanse felices. Si más típicamente sus padres se avergonzaban al hablar de «sexo» y dejaban muchas preguntas sin contestar, es posible que hayan entrado a su matrimonio con un concepto erróneo del sexo.

Hace treinta y cuatro años, cuando nos casamos, no tuvimos consejos prematrimoniales acerca de cómo construir una vida amorosa creativa. Pocos libros hablaban de la relación sexual en el matrimonio, así es que entramos a nuestro matrimonio con poco conocimiento y varios conceptos erróneos.

Tratar este tema hacía que la mayoría de la gente se sintiera incómoda. Por esta razón no nos dimos cuenta de que debemos trabajar para desarrollar una vida amorosa creativa.

EL JUEGO DE LOS RECIÉN CASADOS: APRENDER A PRONUNCIAR LA PALABRA QUE EMPIEZA CON «S»

¿*R*ecuerdan los primeros días de matrimonio? Nosotros aún éramos estudiantes universitarios y no teníamos ni un céntimo. Una vez que nos dimos cuenta de que teníamos que cultivar nuestra vida amorosa, nuestra vida sexual se convirtió en nuestra mayor forma de entretenimiento.

Decidimos construir una relación sexual satisfactoria, con mucho entusiasmo y con todas nuestras fuerzas. Hicimos algunos arreglos mutuos que nos ayudaron y que les pueden ayudar a ustedes también, aunque lleven casados varios años:

Nos pusimos de acuerdo en hablar abiertamente sobre nuestra vida sexual. En cierta forma hablar del sexo fue como aprender un nuevo idioma. Tuvimos que desarrollar nuestro propio vocabulario de la palabra que empieza con «S», ¡y luego usarlo!

¿Cómo sabríamos lo que le gustaba al otro a menos que habláramos de ello?

También hablamos de nuestros temores e inhibiciones. Claudia era mucho más inhibida que yo, así que una gran parte de «hablar de ello» recayó en la buena voluntad que puse en escucharla.

Accedimos a convertirnos en exploradores. Hablar de sexo no era suficiente. Había que explorar el cuerpo del otro, descubrir lo que nos hacía sentir bien y lo que no. Suena simple, ¿no? Pues no lo fue. Algo que nos ayudó fue planear ocasiones de «tocar sin demanda», es decir, explorar nuestros cuerpos mutuamente para descubrir la mejor manera de hacer feliz al otro. En estas ocasiones el acto sexual no era la meta. Esto nos ayudó a relajarnos y sentirnos cómodos el uno con el otro, eliminando a la vez la presión de ejecutar el acto sexual por obligación.

Nos hicimos lectores y aprendices. Como dijimos anteriormente, no había muchos libros que trataran de cómo tener una grandiosa vida sexual, pero pudimos encontrar algunos. Los que tenían ilustraciones nos ayudaron a tener el suficiente coraje para probar distintas posiciones para hacer el amor. No todas tuvieron éxito, pero a lo largo del camino empezamos a aprender lo que funcionaba mejor para nosotros.

Aprendimos a «hacer del otro el punto central». En la relación sexual es fácil «hacer de uno mismo el centro de todo» y perder nuestra sensibilidad hacia nuestra pareja.

Nos olvidamos de que la mejor forma de realmente satisfacernos es satisfaciendo a nuestra pareja. En nuestro caso, cuando nos enfocamos en complacer al otro, perdimos nuestra aprensión. Tratamos de aprender lo que excitaba al uno y al otro.

Descubrimos que yo, David tiendo a ser visual; cuando pienso en el sexo, mi meta es la intimidad física. En cambio, Claudia respondía mucho más a la ternura y la conversación; cuando ella pensaba en el sexo, su deseo más profundo era el romance y la intimidad emocional. Tal vez quieran conversar juntos acerca de su vida amorosa. Hagan todo lo necesario para construir una vida amorosa creativa. ¡Esto enriquecerá su matrimonio!

LA PALABRA «S» DURANTE LOS AÑOS VEINTE Y TREINTA

*P*ara cuando verdaderamente comenzamos a disfrutar de nuestra vida amorosa, comenzaron a llegar los niños y empezamos a soñar con un día cuando existieran menos interrupciones y más energía. Manejamos nuestra vida sexual y hasta la llegada del primer bebé sin mucha tensión, pero cuando llegó el segundo, las cosas se complicaron.

Los psicólogos dicen que las dos ocasiones de más tensión en un matrimonio son cuando uno tiene niños pequeños y cuando tiene hijos adolescentes. ¡Si ustedes tienen ambos se enfrentan a un desafío extra! Para nosotros, el tiempo más difícil fue cuando nuestros tres niños tenían menos de cinco años. David, el noctámbulo, esperaba con ansias hacer el amor después del amamantamiento nocturno del bebé. Yo, madrugadora, apenas sobrevivía después de darle de comer al bebé, y lo único que quería era dormir (bendito sueño). El no poder cumplir con nuestras propias expectativas nos ponía de mal humor por las mañanas. La verdad es que a mí me interesaba más el sexo a las cinco de la mañana, pero David estaba dormido y el bebé lloraba. Ambos empezamos a preguntarnos si esta era una forma de control «natural» de la natalidad.

Quizás ustedes se encuentren en una situación de tensión similar. Los niños absorben su energía, o si no tienen niños, ambos trabajan intensamente en sus profesiones. Es difícil encontrar tiempo para hacer el amor. Afortunadamente para nosotros, en aquellos años de mucha presión pudimos mantenernos hablando de nuestra vida amorosa, y ambos quisimos encontrarle una solución a nuestro problema. Es posible que algunos de nuestros descubrimientos también les sirvan de ayuda. Sí, hubo una solución y las cosas definitivamente mejoraron.

UNA RELACIÓN SEXUAL SATISFACTORIA REQUIERE DEDICACIÓN

¿*D*e dónde sacamos la idea de que se entra al matrimonio sabiéndolo todo? Aprendemos a responder sexualmente de la misma manera en que aprendemos cualquier otra cosa, con dedicación. No suponemos tener un conocimiento intrínseco acerca de la crianza de los niños, de nuestras profesiones, o de cómo empapelar una pared. Lograr el éxito en cualquier tarea requiere trabajo, y el sexo no es una excepción. Aunque lleven una vida agitada y las cosas parezcan fuera de control, necesitan encontrar tiempo para invertir en su relación sexual. No pasen por alto los muchos libros excelentes que dan sugerencias para mejorar su vida amorosa. Un libro divertido que sugerimos es: *Cincuenta y dos maneras fantásticas de hacer el amor*[1], de Cliford y Joyce Penner. Otro libro que disfrutamos fue *Great Sexpectations*,[2] de Robert y Rose Mary Barnes.

UNA RELACIÓN SEXUAL SATISFACTORIA REQUIERE ENTENDIMIENTO

*C*uando nos casamos, no nos acoplamos el uno al otro al instante. Nosotros, antes de casarnos, pensábamos saber y entender casi todo acerca del otro. Pero luego descubrimos que simplemente esto no era cierto. Tenemos unos amigos, Helen y Jeorge, que se aman y quieren tener una buena relación sexual, pero necesitan ayuda para comprender sus diferencias. Aquí hay un ejemplo en el cual ambos fallaron en cuanto a las expectativas del otro.

Helen decidió hacer de cierta noche una noche especial. Últimamente sus relaciones sexuales habían sido insípidas y ella decidió agregarles un poco de sabor. «*Primero*», pensó, *iré a buscar la comida china favorita de George, sacaré la mejor vajilla, hasta usaré las servilletas de tela y prenderé las velas.* Y hasta se hizo la manicura. Cuando George entró por la puerta, se oía una música romántica. ¡Helen estaba lista!

¿Y George? La tarea principal en su agenda era llegar a su casa para ver la final de la copa NBA en la televisión. Durante el almuerzo, George y sus compañeros de trabajo habían estado hablando de la final de baloncesto. Él sabía que su equipo tenía buenas posibilidades de ganar. Su prioridad de la noche era llegar a casa, prender la televisión, ¡y ver cómo su equipo favorito ganaba el campeonato!

Helen y George tenían expectativas diferentes para la noche, y eran definitivamente contrarias. Cuando George llegó a su casa, Helen estaba lista para un beso apasionado y un gran abrazo. En su lugar recibió un beso apresurado mientras George se dirigía directamente hacia la televisión. Hablando de malogradas expectativas. Ambos estaban en conflicto, pero ninguno entendió los deseos del otro. De ahí en adelante la noche fue cuesta abajo. George estaba tan ensimismado en el juego que no percibió las señales de Helen. Se estaba llevando a cabo un drama, y George ni siquiera sabía que él era el villano.

Más tarde, mientras se preparaban para ir a la cama, Helen se empezó a desvestir. George es el tipo de persona visual, y al ver a su esposa desvestirse se despertó su interés. En cuanto él mostró un poco de iniciativa amorosa, ¡Helen salió corriendo del dormitorio llorando!

¿Cuál fue el delito cometido por George?

Él y Helen fracasaron al no comprender sus respectivas expectativas y las maneras diferentes de reaccionar del uno y el otro. George se estimulaba por la vista. Si Helen lo hubiera recibido en la puerta vistiendo un impermeable (solamente), él no hubiera llegado a ver la final de la NBA en la televisión. Por otro lado, si George le hubiera dado a Helen la atención, ternura y romance que ella deseaba, la reacción de ella también hubiera sido diferente.

¿Y a ustedes? ¿Qué les pone de humor romántico? ¿Y a su pareja? ¡Ahora aquí tienen algo de que hablar!

UNA RELACIÓN SEXUAL SATISFACTORIA REQUIERE TIEMPO

En demasiadas ocasiones otras cosas toman prioridad por encima de la relación sexual. Ustedes quieren mejorarla, pero no le dedican tiempo. Recuerden que se necesita tiempo para aprender a comunicarse, resolver conflictos, y construir una vida amorosa creativa. Si solo le dedican diez minutos después del partido o de las noticias en la televisión, simplemente no funcionará. Los invitamos a hacer de su vida amorosa una alta prioridad. La vida sexual es excitante y puede darle a su matrimonio el vigor y el estímulo que necesita para su enriquecimiento. Sí, puede ocurrir, aun teniendo niños pequeños. Así es como lo hicimos nosotros:

Encontramos una vez por semana cierto tiempo durante el cual podíamos estar solos, sin los niños. Un año probamos «los lunes por la mañana». Los tres niños estaban en el jardín de infantes o en la guardería. La casa estaba a nuestra disposición. Descubrimos que no hay nada escrito sobre hacer el amor por la noche. ¡Los lunes por la mañana eran fantásticos!

Quizás su horario no sea tan flexible como el nuestro, pero encuentren lo que funcione para ustedes. Por ejemplo, tal vez puedan contratar a una niñera para que lleve a los niños al parque (o algún otro lado si hace mal tiempo) por un par de horas los sábados por la mañana.

Empezamos la tradición de darnos escapadas solos para pasar la noche juntos. Empezamos a darnos cuenta de que necesitábamos más tiempo juntos y solos (no solamente una mañana). Así que buscamos oportunidades para escaparnos. No teníamos los medios para pagarle a una niñera que se quedara con nuestros hijos por un tiempo más largo, y nuestros padres vivían muy lejos. Pero sí teníamos amigos (muy buenos amigos) que se ofrecieron para cuidar a nuestros tres hijos. Nosotros les devolvimos el favor al cuidar a sus dos niñas, ¡y estamos seguros de que salimos aventajados!

Años después, dos de nuestras primeras escapadas sobresalen en nuestros recuerdos, pero por razones muy diferentes. La primera fue un fin de semana que pasamos en una cabaña en Alabama. ¡Este fue el primer fin de semana que salimos sin los niños, y estuvo lleno de amor y más amor desde la hora que llegamos hasta que nos fuimos! David recuerda aquel fin de semana en Alabama como muy vigorizante. Yo por mi parte lo recuerdo sintiéndome muy exhausta.

La segunda escapada que recordamos es la semana que pasamos en la playa en la Florida. Recuerdo tiernamente el paso lento de la vida, las largas caminatas por la playa, los momentos románticos, las cenas para dos a la luz de una vela, y el ir juntos a comprar un nuevo vestido. David lo recuerda también como una semana grandiosa, pero años después confesó que se frustró un poco por el hecho de que no hiciéramos el amor todos los días que estuvimos allí.

Si pudiéramos regresar a esos años, seguramente hablaríamos más sobre nuestras expectativas y lo que para nosotros es real. La clave es encontrar el equilibrio y hacer un plan único e individual. ¡Mientras estén criando niños, una relación sexual satisfactoria no ocurrirá espontáneamente!

Es posible que quieran hablar de su situación individual y sobre qué pueden hacer para que su matrimonio se parezca más a una aventura amorosa. Sigan nuestro consejo: Para ayudarles a hablar de sus expectativas, cuando planeen una escapada para dos, conversan sobre con cuál de nuestras escapadas se identifican: con la de la cabaña en Alabama o la del hotel en la playa de la Florida. ¿En qué parte de su horario semanal pueden encontrar tiempo para el amor solo para dos?

EL SEXO A FINALES DE LOS TREINTA Y CUARENTA

Saltemos unos años hacia adelante, después de las noches en vela cuidando a los niños. Ahora nuestras propias fantasías de la adolescencia y sueños sexuales se vuelven pesadillas y temores debido a nuestros propios adolescentes. Un temor delicado y sutil puede entrar en su dormitorio. Quizás se vuelvan más cautelosos alrededor de los hijos adolescentes. Después de todo, no quieren darles ideas de lo agradable que es el sexo. Por miedo a que sus hijos se vuelvan sexualmente activos, es muy posible que, sin darse cuenta, su propia vida sexual se relegue a segundo plano.

Déjennos aclararles. No somos partidarios de que desplieguen su vida sexual (o la falta de ella) en frente de sus hijos. Pero ustedes pueden transmitir actitudes positivas acerca del sexo a sus hijos. Cada vez que la palabra «sexo» era pronunciada en casa, nosotros abiertamente les hacíamos saber a nuestros hijos que el sexo en el matrimonio es un don maravilloso. Está bien dejarles saber a los hijos que las caricias sobre la piel nos hacen sentir bien.

Al mismo tiempo les aclarábamos que ellos no eran adultos y les aconsejábamos reservar el sexo para el matrimonio. Nos causó mucha gracia cuando uno de nuestros hijos al llenar una solicitud en la escuela secundaria puso en el espacio en blanco que decía *sexo*: «No antes del matrimonio».

Sabemos que los valores no se imponen, sino que se viven. No se trata tanto de lo que uno dice, sino de lo que uno modela. Ustedes, ¿dan y reciben abiertamente afecto físico? En el libro *Cómo realmente amar a su hijo*[3], el Dr. Ross Campbell habla acerca de la importancia de llenar el tanque emocional de su hijo con besos y abrazos. ¡Esto es igualmente importante para las parejas, en especial cuando tienen adolescentes! Uno de los mejores recuerdos de la niñez de David es ver a sus padres en el balcón, besándose y abrazándose. Hoy en día, con la epidemia de divorcios, los jóvenes se sienten protegidos cuando se les da la seguridad (no solo con palabras) de que mamá y papá se aman de verdad.

Los años con los adolescentes pueden agregar tensión a cualquier matrimonio. Así es que nosotros encontramos algunas formas de combatir esa tensión en nuestra relación sexual de pareja. Estas son algunas de las cosas que aprendimos durante esos años.

Necesitábamos proteger nuestra propia actitud hacia el sexo. Aunque la actividad sexual no era apropiada para nuestros hijos adolescentes, sin embargo, nosotros afirmamos en ellos que para la relación de nuestro matrimonio era correcta, apropiada e importante.

Hicimos el pacto de no dejar que nuestros adolescentes desplazaran nuestro tiempo íntimo a solas. Algunas de las maneras que encontramos para darnos tiempo fueron:

1. Aprovechar cuando nuestros adolescentes estaban ausentes en sus actividades escolares. No es necesario estar presentes en todas las prácticas de deporte o ensayos del coro.
2. Buscar tiempo para estar a solas, como cuando nuestros adolescentes dormían hasta tarde los sábados por la mañana.
3. Hacer de nuestro dormitorio un lugar a prueba de ruidos. Un sistema de audio o radio provee un amortiguador de ruido y ayudará a su intimidad.
4. Asegurarnos de que nuestra puerta estaba cerrada con llave.

No se dejen abrumar totalmente por los problemas de sus adolescentes. A veces nos envolvemos demasiado en las situaciones de nuestros hijos. Después de todo es solo una etapa temporal. Ellos crecen y se van del hogar. En cambio su relación sexual debe durar tanto como el matrimonio; disfrútenla y aliméntenla, y no dejen que las tensiones de la vida con los adolescentes les provoquen un corto circuito.

Busquen el humor. Ya que los adolescentes y la tensión generalmente van juntos, encontrar el humor puede ayudar a disiparla. La risa nos ayuda a relajarnos. Durante aquellos años tratamos de no tomarnos demasiado en serio muchas cosas y de entender que mucho de lo que estábamos experimentando era temporal. Y si podíamos encontrar algo gracioso, nos reíamos.

¡Hagan lo inesperado! Durante estos años intensos pueden añadir el elemento de la sorpresa al hacer lo inesperado. Nosotros mismos hemos hecho algunas cosas alocadas. Claudia nunca olvidará el día en que llegué con tres rosas rojas y dije: «¡Haz tu maleta, salimos en treinta minutos!» Recuerden que yo soy el romántico.

Y así nos fuimos a un maravilloso hotel pequeño en las montañas a una hora de distancia de donde vivíamos. Claudia se preguntó por qué la miraban tan curiosamente cuando nos registramos en el hotel. Resulta que yo había reservado el hotel y les había dicho que tenía una amiga muy especial que quería traer y con quien deseaba pasar la noche.

Hasta el día de hoy Claudia está convencida de que el personal del hotel no creyó que estábamos casados. «¡Si va a tener una aventura amorosa, téngala con su esposa!» Eso es precisamente lo que nosotros hicimos. A propósito, incluí a nuestros tres hijos, quienes ayudaron a planear esta escapada sorpresa para su mamá. ¿Qué pueden hacer que sea un poco alocado? Si tienen adolescentes, ¿qué están haciendo para construir una vida amorosa creativa? Esperar a que los hijos crezcan y se vayan del hogar no es la solución. O si responden: «Esto simplemente no es tan importante para nosotros», entonces queremos desafiar esa manera de pensar. Sabemos lo que decimos cuando les aseguramos que esta área del matrimonio puede crecer y volverse más agradable y satisfactoria.

LA VIDA AMOROSA DURANTE LOS CINCUENTA Y SESENTA

*U*n amigo nos dijo: «Para cuando lleguemos a tener el nido vacío, se nos habrá olvidado hasta cómo deletrear la palabra «sexo», ¡mucho menos podremos practicarlo!» Nosotros ahora tenemos el nido vacío. Por años esperamos el día en que tuviéramos más libertad y flexibilidad en nuestra vida sexual cuando el último de nuestros hijos se fuera de la casa.

Desafortunadamente, desarrollamos un hábito de trabajo, trabajo y más trabajo. Buena cantidad del tiempo que ya no dedicábamos a nuestros hijos fue reemplazado por las fechas límites de entrega de nuestros libros, los seminarios sobre el matrimonio y los grupos de educación para padres. Aunque podríamos haber sido más flexibles y aventureros, estábamos demasiado ocupados para aprovechar nuestra nueva libertad. Simplemente tratábamos de hacer más.

Una vez más, necesitamos reorganizarnos. Tratamos de bajar el ritmo y enfocarnos más en el otro. Los viejos hábitos son difíciles de cambiar. Si son adictos al trabajo, su vida amorosa puede sufrir las consecuencias. Estas son cuatro ideas que a nosotros nos ayudaron.

Intenten cosas nuevas. Encuentren nuevos lugares para hacer el amor. Prueben otras lugares en la casa que no sea el dormitorio y vean lo que les atrae. Por ejemplo:

- Tal vez uno de sus hijos, al irse del nido, dejó una cama de agua.
- Consideren la hamaca que recién instalaron en la terraza.
- ¿Por qué no inaugurar la alfombra nueva?
- ¿Qué tal una noche de acariciarse sin demanda bajo las burbujas en el baño a la luz de una vela?
- Un juego en el cual el perdedor debe desvestirse, un juego en el que ambos puedan ganar.

No todas estas sugerencias son nuestras. Vienen también de un grupo de personas de nuestros seminarios de Matrimonio Lleno de Vida. El seminario se había llevado a cabo ocho meses antes, y este grupo en particular se había reunido todos los meses para compartir y animarse el uno al otro. Durante cierta noche en particular, demostraron que evidentemente habían tenido éxito.

Cada pareja trajo algo que representaba su propio matrimonio. Una pareja trajo una planta en una maceta, símbolo del crecimiento de su relación. Otra pareja trajo un libro de devocionales y compartió cómo ahora estaban orando juntos.

Increíblemente, más de la mitad del grupo compartió algo acerca del aumento de la creatividad en su vida amorosa. Desde recibos de hotel hasta crema batida (este grupo era creativo). Pero Joyce y Hank se llevaron el premio. Ellos trajeron un delantal, un gorro de cocinero, y un frasco de loción. Esta pareja, cuyo nido ya estaba vacío, nos contó la siguiente historia:

Una noche, después del trabajo, Hank se ofreció a preparar la cena. Joyce, cansada por su difícil día de trabajo, se estiró en la alfombra nueva de la sala y se quedó dormida. ¡Imagínense su sorpresa cuando Hank la despertó vistiendo solamente el delantal, y el gorro de cocinero, y con un frasco de loción en la mano, listo para darle un masaje en todo el cuerpo! ¡Su creatividad sobrepasó todos los límites!

Otra pareja que vivía con sus padres de edad avanzada preparará una canasta con comestibles y fue de picnic a un hotel cercano por un par de horas.

Coman comida sana, hagan ejercicio. En esta etapa es importante cuidarse y tratar de mantenerse sanos y en una buena condición física. Nosotros acostumbrábamos jugar mucho al tenis, pero con nuestro horario de viajes, es difícil programar un juego de tenis regularmente. Fue así que decidimos empezar a caminar juntos. Por lo general caminamos un par de millas varias veces a la semana. Y estamos controlando nuestra dieta. Con el nido vacío, estamos comiendo nuevamente las verduras que nos agradan, pero que a nuestros hijos no les gustaban. Una dieta sana y una buena condición física nos da más energía para disfrutar de las cosas divertidas en la vida.

Tomen la iniciativa. Estén dispuestos a tomar la iniciativa. Consideren hacer arreglos para salir un fin de semana, o planeen un par de horas cada semana para estar completamente solos. Tal vez puedan usar el condominio vacío o la casa de unos amigos para una cita. Quizás quieran probar algunas de las siguientes sugerencias.

1. Llámele y dígale a su pareja cuánto la desea.
2. Escriban una carta de amor.

3. Dele a su pareja un masaje por todo el cuerpo con una loción perfumada.
4. Pasen por lo menos una hora hablando y amándose el uno al otro.
5. Deje que su pareja exprese lo que le agrada.
6. Dele a su pareja un pequeño regalo inesperado sin razón alguna.
7. Compre un casete o CD de música para ponerse en ambiente.
8. Dígale a su pareja diez razones por las que es amado(a).
9. Hagan un inventario de su recámara. Realicen los cambios necesarios para crear una atmósfera más romántica, como por ejemplo, agregando velas, música, un regulador de la intensidad de luz, una cerradura en la puerta. Saquen todos los libros y la papelería. Olvídense de su lista de quehaceres cuando están tras puertas cerradas.
10. Hagan planes ahora para darse una escapada de una noche.

¿EL SEXO DURANTE LOS SETENTA Y OCHENTA?

*R*ecientemente visitamos a una pareja de edad avanzada, ambos tenían unos ochenta años y estaban casi sordos. Fue difícil hablar con el ruido de la televisión. No querían perderse sus novelas, ¡y ese día las novelas eran apasionantes! Mostraban imágenes que iban del jacuzzi, al colchón de agua, y a la playa, la pasión se mostraba con furor. Empezamos a comprender que el sexo todavía es el centro de atención en los años de avanzada edad. Sin embargo, muchas parejas de edad avanzada lo experimentan solamente en su imaginación.

Nosotros esperamos ser la excepción, y si es así, escribiremos un libro acerca de ello. Mientras tanto, vamos a seguir trabajando en nuestra relación sexual. La verdad es que no estamos en una etapa similar a la de las novelas apasionantes. ¡Con toda esa pasión y emoción, nos preguntamos por qué esos personajes no sufren constantemente de ataques al corazón! Si el sexo es tan grandioso *todo* el tiempo, nosotros nos lo estamos perdiendo y probablemente ustedes también.

Concluimos este capítulo confesándoles que nuestra vida amorosa generalmente es buena, a veces fantástica, pero siempre muy agradable. A medida que pasan los años se va poniendo mejor, y esperamos, con el tiempo, continuar gozando el uno del otro en nuestros sesenta, setenta y ochenta, y hasta que podamos.

¿Y ustedes? La elección es suya. Su vida sexual puede ser tan satisfactoria y excitante como lo deseen, pero esto conlleva tiempo y dedicación. Sin embargo, vale la pena. Y puede mejorar, ser más íntima, y más maravillosa a medida que pasan los años.

Ahora ustedes tienen la oportunidad de planear una cita maravillosa. Tal vez hasta quieran «secuestrar» a su pareja. Para más ideas, pasen a la Sexta Cita en la segunda parte del libro.

NOTAS

1. Clifford y Joyce Pennet, *52 Ways to have fun, fantastic sex,* Thomás Nelson, Nashville, 1994.

2. Robert Rosemary Barnes, *Great sexpectations,* Zondervan, Grand Rapids, 1996.

3. Dr. Ross Campbell, *How to really love your child,* Víctor Books, Wheaton, IL, 1978.

Séptima Cita

COMPARTIR RESPONSABILIDADES Y TRABAJAR JUNTOS

«¡Si solo tuviéramos más horas en nuestros días, podríamos equilibrar la situación difícil de tener dos trabajos!», comentó Louise. Este seminario de Matrimonio Lleno de Vida en particular estaba lleno de parejas frustradas, con dos carreras, como Elliot y Louise.

Decirle a Louise que ellos tenían tiempo, de hecho todo el tiempo del mundo, no solucionaba su dilema. Sin embargo, esa sesión en particular les ayudó a desarrollar un plan viable. Si ustedes se encuentran entre las muchas parejas en las que ambos trabajan fuera de casa, esperamos que este capítulo les ayude a encontrar equilibrio y a desarrollar un plan que funcione para ustedes.

Si alguno de ustedes no trabaja fuera de casa, posiblemente piense que este capítulo no le es pertinente. Pero si sus cuatro preescolares, o los que tenga, hacen que un trabajo fuera del hogar parezca como unas vacaciones, no omita este capítulo. Ustedes también pueden beneficiarse de este capítulo si consideran cómo pueden apoyarse para compartir responsabilidades.

Deténganse para pensar en todas las cosas por las que culpamos a la falta de tiempo. Cuantas veces ha dicho: «Si solo tuviera más tiempo...» o «Tendré más tiempo cuando...

...los niños crezcan».
...venga el verano».
...se acabe el verano».
...entregue el trabajo o termine este proyecto».

Quisiéramos advertirles que el tiempo no es el verdadero culpable. La verdad es que el tiempo no depende de las personas. Es siempre el mismo. Nosotros no tenemos más tiempo que ustedes cada día. Todos tenemos veinticuatro horas diarias, ¡ni más ni menos! Los verdaderos problemas son las formas en las que manejamos nuestro tiempo y trabajamos juntos. Indaguemos un poco más sobre el tema.

EVALÚEN SUS RESPONSABILIDADES

*E*l primer paso para determinar cómo equilibrar sus responsabilidades con su pareja es ubicar la situación actual en la que se encuentran. Quizá quieran reflexionar sobre sus responsabilidades fuera del hogar junto con sus responsabilidades dentro del mismo. Si ponen en orden sus distintas responsabilidades sobre un balancín, poniendo las suyas en un extremo y las de su pareja en el otro, ¿cómo se lograría el equilibrio?

Por ejemplo, si uno de los dos trabaja solo fuera de casa por unas pocas horas, y el otro trabaja sesenta horas por semana, el que está en la casa la mayor parte del tiempo necesitará ayudar a equilibrar el balancín al encargarse de más trabajo en el hogar. Pero por ahora, supongamos que ambos tienen la misma cantidad de responsabilidades fuera del hogar. La pregunta clave es: «¿Cómo colaboran ustedes entre sí para ser un solo equipo en el hogar?»

A pesar de los muchos estereotipos irreales de hoy en día, especialmente el de los «hombres machos» que no se mojan las manos, nos encanta ver a tantas parejas trabajando juntos a la vez que batallan con sus empleos, los niños y otras actividades.

Elliot y Louise, que tienen ahora más de cuarenta años, se criaron con los estereotipos de los roles masculinos y femeninos. Los papeles tradicionales funcionaron bien mientras sus tres hijos eran pequeños y Louise se quedaba en el hogar cuidándolos y haciendo las tareas domésticas. Pero en medio de los años de crianza las circunstancias cambiaron. La compañía de Elliot redujo el personal. Elliot mantuvo su trabajo, pero eliminaron sus bonos. Louise encontró un trabajo de maestra para ayudar con los gastos y ahorrar para el costo de la universidad de sus hijos.

La rutina diaria de Elliot no cambió. Él trabajaba tanto como siempre en su empleo y llegaba a casa igual de cansado. ¡En cambio el horario diario de Louise cambió drásticamente! Cinco días a la semana llegaba a su casa muy cansada, tenía lecciones que preparar para el día siguiente, y todavía mantenía las mismas responsabilidades en la casa, la menor de las cuales era decidir lo que cenarían cada noche. Elliot lo entendía y no decía mucho acerca de las comidas congeladas, pero el no tener calcetines ni ropa interior limpia lo irritaba. La tensión iba creciendo, y para cuando Elliot y Louise llegaron a nuestro seminario de Matrimonio Lleno de Vida, necesitaban ayuda!

La luz se encendió cuando evaluaron sus respectivas responsabilidades. Su lista de quehaceres en el hogar se veía algo así:

Responsabilidades de Louise en el hogar:

1. Preparar la comida.
2. Hacer las compras.
3. Lavar la ropa para una familia de cuatro.
4. Tener la casa limpia.
5. Estar al tanto de las actividades de los niños.
6. Encargarse de las niñeras.
7. Ayudar a los niños con sus tareas.

Responsabilidades de Elliot en el hogar:

1. Cuidar el jardín.
2. Realizar el mantenimiento de los autos.
3. Encargarse de los registros financieros de la familia.

Elliot y Louise necesitaban hacer algunas modificaciones. Las responsabilidades de Elliot eran importantes y llevaban tiempo, pero las podía llevar a cabo durante los fines de semana. Las responsabilidades de Louise no eran tan flexibles y tenían que hacerse todos los días, exigiéndole más de lo que ella podía dar, sobre todo después de haber enseñado todo el día en la escuela. Ellos necesitaban redistribuir el trabajo en la casa.

Quizás ustedes también se encuentren ante un dilema similar. Si es así, el primer paso consiste en enumerar todos los quehaceres y responsabilidades domésticos, así como los requisitos para realizarlos. Luego miren la lista y decidan a cuál de los dos le gusta hacer los diferentes trabajos naturalmente. Hablen además de aquellas tareas menos agradables. Luego, revisen la lista otra vez con miras a quién sería más apto para hacer las distintas tareas.

Cuando nosotros hicimos este ejercicio, descubrimos que a Claudia no le molesta lavar la ropa, así que ella tomó esa responsabilidad. A mí me gusta hacer parrilladas, así que me encargué de esto. También

107

me gusta encargarme de las finanzas, una tarea que a Claudia le trae dolores de cabeza. ¡Mientras hablábamos sobre nuestra lista, Claudia inmediatamente reconoció que yo era el mejor y el más dispuesto limpiador de baños en diez estados! El único problema era que dicha tarea era algo que ninguno de los dos quería hacer. La cruda realidad es que hay ciertas cosas que ninguno escogerá ni querrá hacer. Llegar a un acuerdo es una parte importante del proceso.

Recuerden que el objetivo es atacar las presiones extras que hay al ser un equipo con dos empleos, no el de atacarse el uno al otro. También están buscando comprensión. Todos podemos controlar mejor la tensión si otra persona comprende nuestros sentimientos. Ustedes pueden ser esa persona para su pareja.

Una vez que Elliot y Louise evaluaron su situación, Elliot se dio cuenta de la tensión que Louise estaba experimentando y la necesidad que había de que él participara más en el hogar. El dilema de «los calcetines y la ropa interior sucia» podía solucionarse si él mismo se encargara de lavarlos. Pero la mecánica de «quién hace qué» no es tan importante como la filosofía de atacar el problema juntos.

Elliot y Louise reclutaron a sus hijos de edad escolar para que los ayudaran con algunas tareas del hogar. Louise salía cansada de la escuela, pero cuando llegaba a su casa, le encantaba ser creativa en la cocina. Compró libros de recetas para hacer platillos fáciles. Con una cacerola especial de cocina y un poco de planificación, ella podía tener la cena lista antes de salir para la escuela. Elliot por su parte empezó a supervisar las tareas escolares y a ayudar con los proyectos especiales.

Para los trabajos pesados del hogar, Elliot y Louise contrataron un servicio de limpieza una vez por mes. Encontraron a un joven de la escuela secundaria que le encantaba el trabajo de jardinería y se encargó del mantenimiento rutinario del jardín. El balancín de Elliot y Laura aún subirá y bajará, pero durante la mayoría de los días estará mucho más equilibrado.

HASTA QUE LAS DEUDAS NOS SEPAREN

*L*as finanzas representan un tema polémico para muchos matrimonios. Claire salió a trabajar para ayudar con las dificultades financieras que estaban experimentando ella y su esposo, John. Pero el trabajo de Claire trajo tensión al hogar. Escuchen su historia:

«Cuando volví a trabajar, pensé que tendría algunos ingresos para mí misma. Pero lo que pasó en realidad fue que mi cheque iba destinado a la misma cuenta. Él no me habla de nuestra situación financiera y eso me está volviendo loca. Me convendría más tener mi propia cuenta bancaria y simplemente hacer aportes a nuestros gastos generales».

Claire y John necesitaban trabajar juntos en sus finanzas. Necesitaban crear un presupuesto financiero con el cual ambos estuvieron de acuerdo.

Nuestra verdadera preocupación no es el número de cuentas bancarias (separadas o juntas), ni cuánto dinero tengan, sino el hecho de contar con un presupuesto financiero realista que funcione para ustedes y con el cual los dos estén de acuerdo. Si se entienden mejor con cuentas separadas y eso funciona para ustedes, grandioso.

DEFINAN SUS METAS FINANCIERAS

*E*l tener metas financieras bien definidas, metas con las que mutuamente estén de acuerdo, ayuda mucho. Recordamos el momento en que compramos nuestra primera casa. Claudia tenía un puesto de maestra suplente en una escuela secundaria, y ahorramos sus cheques para el pago inicial de nuestra casa.

Permítannos advertirles algo con respecto a este concepto de establecer metas financieras y trabajar para alcanzarlas: es posible llegar a obtener todas las cosas que queramos, y sin embargo, no tener el tiempo para disfrutarlas. Podemos tenerlo todo y en realidad no tener nada.

RETARDEN LA GRATIFICACIÓN

*E*l Dr. M. Scott Peck en su libro *The Road Less Traveled* [El camino menos viajado] escribe que una señal de madurez es la habilidad de demorar la gratificación.[1] Sin embargo, vivimos en un mundo instantáneo, avena instantánea, café instantáneo, y crédito instantáneo. Constantemente escuchamos que podemos tenerlo todo y tenerlo ahora. Si está aburrido y tiene la tarjeta de crédito correcta, usted puede llevar a su esposa a una isla romántica, sin necesidad de encontrar una niñera (si tienen niños) y ni siquiera de empacar. Nos dicen: «¡Solo hazlo!» ¡Muchos de los problemas en el matrimonio podrían ser menores si aprendiéramos a retardar la gratificación!

La habilidad de retardar la gratificación es parte de la inteligencia emocional, así dice Daniel Coleman en su libro *Emotional Intelli-*

gence [Inteligencia Emocional], Bantam, 1995. Él define la inteligencia emocional como la habilidad «de motivarse a sí mismo y persistir, aun al enfrentarse con frustraciones; controlar los impulsos y retardar la gratificación; controlar los propios estados de ánimo; y tener esperanza».

Según Coleman la inteligencia emocional surge temprano en la niñez. En un estudio realizado, el del «examen del *bombón*», a unos niños de cuatro años se les dio la oportunidad de elegir entre comerse un bombón de inmediato o esperar veinte minutos y entonces comerse dos. Se comprobó que los niños que eligieron demorar su gratificación eran los que más frecuentemente se convertían en adolescentes competentes y exitosos, pero los otros a menudo solían tener problemas y hasta ser adolescentes delincuentes.

Coleman relaciona la habilidad de retardar la gratificación con una vida exitosa: matrimonios y familias fuertes, empleados responsables e individuos seguros de sí mismos. Sugerimos que nunca es demasiado tarde para cultivar la inteligencia emocional y aprender a retardar la gratificación.

APRENDAN A VIVIR CON MENOS

Y tal vez necesitemos aprender a vivir con menos. Vivir sin algo que nunca han tenido no es un sacrificio. ¡Sin el constante bombardeo de los anuncios y la publicidad en la televisión, ni siquiera sabríamos de muchas cosas que supuestamente anhelamos!

Nosotros no presumimos de ser consejeros financieros. No tenemos todo en su lugar en cuanto a las finanzas, pero estamos trabajando en ello, así que podemos compartir algunas cosas que nos están ayudando. Uno de los mejores y más prácticos libros para usar como una guía de finanzas básicas es *Managing Your Money* [Manejar su dinero][2] de Ron Blue. Un programa de computación que ayuda en la planificación de las finanzas es Quicken (en los Estados Unidos).

Otras cosas que hemos probado son las siguientes:

1. De vez en cuando mantenemos un registro de cada centavo que gastamos. Uno o dos meses de esto, les ayudará a evaluar a dónde está yendo su dinero y a modificar sus formas de gastar y ahorrar, lo cual no es fácil, pero sí posible.

2. Limiten los gastos de las tarjetas de crédito a lo que puedan pagar cada mes. Si las cosas están muy apretadas, nosotros tratamos de no usar las tarjetas de crédito. De alguna forma, es más fácil justificar ciertas compras con la tarjeta de crédito. A veces decimos: «Bueno, probablemente lo devolveré, y será más fácil devolverlo si uso la tarjeta». Claro que puede ser más fácil de comprar, pero al mes siguiente igual llegan las cuentas.

3. No dejen pasar por alto el placer de dar. Varias parejas que conocemos también tienen una cuenta bancaria especial. Cada mes destinan fondos a esa cuenta, y de ahí le dan a su iglesia y a las organizaciones caritativas favoritas.

4. Establezcan el hábito de ahorrar. Nosotros acostumbrábamos decir que no podíamos darnos el lujo de ahorrar. La verdad es que no podemos darnos el lujo de no ahorrar. Cuánto ahorremos no es tan importante como el desarrollar el hábito de hacerlo. Consideren sus metas a largo plazo, tales como el tiempo de jubilarse y la educación superior de sus hijos. También consideren sus metas a corto plazo. Si tienen hijos ya crecidos, quizá quieran escoger una meta para toda la familia. Por ejemplo, podrían tener una venta de objetos usados para ayudar a financiar las próximas vacaciones familiares.

ELIJAN CUIDADOSAMENTE SU ESTILO DE VIDA

*U*stedes son los únicos que pueden decidir este asunto, pues es sumamente personal. Pero deben hacer la decisión juntos. Hablen acerca de sus necesidades. Esto será diferente para cada pareja. Piensen en su vida de recién casados. Comparen su nivel de vida de entonces con el que tienen ahora.

¿Qué cosas son las más importantes para ustedes? ¿Qué importancia tienen para los dos cosas como tener casa propia, manejar un coche nuevo, tener estéreos, televisores y equipos de video? ¿Y qué tal las vacaciones y las salidas a comer afuera? Hagan su propia lista. No se olviden de las cosas menos tangibles como el tiempo para pasar juntos, con sus hijos, amigos y su comunidad, y así como el tiempo para dedicarse a las actividades religiosas. Enumeren todo lo que requiera una inversión de tiempo y/o dinero.

LA VIDA REQUIERE ELECCIONES

*C*ollin y Jennifer batallaban continuamente para hacer los pagos de su casa y cumplir con sus otras obligaciones. Antes de que nacieran los niños, ambos trabajaban todo el día fuera y tenían poca presión financiera. Pero al venir los hijos Jennifer eligió quedarse en el hogar cuidando a sus pequeños, lo cual económicamente parecía imposible de lograr. Después de reexaminar sus prioridades y metas financieras, se dieron cuenta de que el ser propietarios de una casa era importante para ellos, pero aun más importante en su lista de prioridades era el tener más tiempo para amar y criar a sus hijos.

Lo que Collin y Jennifer hicieron fue muy valiente. Vendieron su casa y se fueron a vivir a un departamento más pequeño para que Jennifer pudiera quedarse en casa con sus hijos. Elecciones difíciles nos esperan a cada uno de nosotros. Pero menos mal que tenemos opciones.

¿QUÉ ELEGIRÁN USTEDES?

*A*lgunos tenemos más opciones que otros, pero todos tenemos elecciones que hacer. Louise volvió a trabajar para ayudar a proveer económicamente para su familia. En cambio Jennifer eligió quedarse en casa y criar a sus hijos pequeños. Nadie les puede decir lo que es mejor para ustedes. Pero sea cual sea su situación, busquen formas de salir adelante juntos. Si ambos trabajan fuera del hogar, háganlo desde un frente unido.

Necesitarán todas las formas de comunicación y negociación que puedan reunir. Evaluar sus expectativas y redefinir sus metas es un proceso continuo. Así lo fue para los White.

Los empleos de Justin y Ann White requerían que ambos viajaran mucho, pero ninguno de los dos se había dado cuenta de lo separadas que estaban sus vidas. Entonces un día se encontraron por casualidad en el aeropuerto de Los Ángeles. ¡Ninguno de los dos sabía que el otro estaría en California! No lo podían creer. Ann dijo: «Nos miramos el uno al otro y nos dimos cuenta que ya ni siquiera nos conocíamos. Teníamos casas, coches, barcos, pero no teníamos un matrimonio con vida. ¡Parados allí en la explanada del aeropuerto, nos pusimos de acuerdo en que algo tendría que cambiar!»

«Fue un momento decisivo», continuó Justín. «Le dimos un vistazo a nuestras vidas y supimos que era hora de efectuar cambios. Evaluamos nuestro estilo de vida y nuestra lista de las cosas que necesitábamos se redujo. Ahora ambos estamos bajándole el ritmo a nuestro trabajo y tomando las cosas con más calma. ¡Aún tenemos un camino largo por delante, pero estamos progresando y conociéndonos nuevamente!»

¿Necesitan conocerse de nuevo o renovar su relación de pareja? A menudo escuchamos: «Lo estamos haciendo todo por nuestros hijos, para darles más oportunidades en la vida». Un conocido psicólogo infantil, el Dr. T. Barry Brazelton, dijo que una de las claves para tener éxito como padres es gastar en nuestros hijos la mitad del dinero que ahora gastamos y dedicarles el doble del tiempo. Tal vez esa también sea la clave para tener un matrimonio lleno de vida: dedicarle a su relación mucho más tiempo que dinero. Depende de ustedes. Reflexionen sobre su vida. Consideren su matrimonio. Tracen su propia trayectoria. Ambos, tanto su matrimonio como sus hijos, se beneficiarán.

¡Es hora de otra cita extraordinaria!
Pasen a la Séptima Cita en la Guía de las Citas
y prepárense para divertirse trabajando juntos
y compartiendo responsabilidades.

NOTAS

1. M. Scout Peck, *The road less traveled,* Walker, New York, 1985.
2. Ron Blue, *Managin your money,* Thomás Nelson, Nashville, 1993.

Octava Cita

BALANCEAR SUS ROLES COMO ESPOSOS Y PADRES

¡Enriquecer el matrimonio y a la vez criar a los hijos suena contradictorio! Harriet, una joven madre de tres hijos, dijo: «¡Yo no tengo tiempo suficiente para ser una buena madre, y mucho menos una buena esposa!»

Harriet y su esposo, Marvin, están comprometidos tanto con sus hijos como con su matrimonio, pero tienen dificultad a la hora encontrar tiempo para las dos cosas. ¿El resultado? Su matrimonio es el que generalmente sale perdiendo. Mientras que percibíamos su frustración, estábamos en desacuerdo con su posición tácita: «Las responsabilidades de ser padres van primero que las responsabilidades matrimoniales» ¿Es así? ¿Debería serlo? ¿Tenemos los padres alguna opción? Obviamente, las necesidades físicas urgentes de los niños deben satisfacerse primero. ¿Pero qué hay acerca de las necesidades relacionales?

Según el Dr. Paul Pearsall en su libro *Supersexo matrimonial* [Super Marital Sex]: «Hay tantos matrimonios que fracasan por causa de los niños, como niños que fracasan a causa de matrimonios defectuosos. Hasta que no aprendamos que los niños no son prioritarios, sino iguales en importancia a nosotros, hasta que no aprendamos a vivir nuestras vidas y nuestro matrimonio no para los niños, sino con ellos, estaremos sacrificando nuestro matrimonio, nuestro propio desarrollo».[1]

El matrimonio es la base de la familia. Es simplemente lo fundamental. La mamá puede amar a sus niños y el papá puede amar a sus niños, pero a menos que mamá y papá se amen el uno al otro, los niños no podrán sentirse seguros. ¿Se han dado cuenta de que el temor número uno de los niños es que sus padres se divorcien? Así que nunca se sientan culpables por el tiempo que le dedican a su matrimonio. ¡Cuando se dedican a su matrimonio, se están dedicando a toda su familia!

No es fácil darse un tiempo para el matrimonio mientras se está criando a los hijos, ¡pero esto es vital para la salud matrimonial y de toda su familia! La buena noticia es que no hay que elegir entre una cosa u otra. Sus hijos no tienen que competir con su relación de pareja. Las dos relaciones pueden enriquecerse mutuamente.

Aunque en este capítulo no brindemos demasiadas sugerencias sobre la crianza de sus hijos, sí trataremos de compartir con ustedes una nueva forma de mirar sus dos roles. Primero, vamos a considerar cómo los niños pueden influir de manera positiva en el matrimonio, y segundo, cómo el compañerismo en el matrimonio puede influenciar positivamente a los niños.

CÓMO LOS NIÑOS ENRIQUECEN SU MATRIMONIO

¿Qué tiene la energía de una bomba atómica, provee más entretenimiento que un espectáculo de Broadway, y pesa alrededor de siete libras y media? ¡Es el primer bebé! El primer niño trae grandes cambios para sus padres. ¿Recuerdan cuando hicieron la transición de «Solos tú y yo contra el mundo» a «Tú, el bebé y yo somos tres»? A partir de ese momento las cosas ya nunca fueron iguales.

En el nuevo mundo de ser padres, palabras como *cansado, exhausto* y *agotado* toman un nuevo significado. Nosotros oímos mucho de la tensión que el ser padres trae a la relación matrimonial, pero poco de cómo el tener niños puede enriquecer el matrimonio. Al solo observar hoy a nuestros nietos y a sus padres, recordamos cómo fue que nuestros hijos provocaron el crecimiento de nuestra relación. Ustedes pueden tener la misma experiencia. Fíjense en los siguientes fundamentos familiares que enriquecen el matrimonio.

LOS NIÑOS NOS RECUERDAN QUE SOMOS UNO

Los pequeños que andan corriendo por todas partes nos recuerdan tangiblemente a cada momento que somos «uno». Cada vez que ven los deditos de los pies de su primogénito, tienen que admitir que son igualitos a los de papá, o que la enorme sonrisa de Susi es el retrato de la sonrisa de su mamá, de la cual se enamoró hace muchos años y que aún le derrite el corazón.

Piensen en cada uno de sus hijos. ¿Qué rasgos heredaron cada uno de ellos de ustedes? (Aunque sean una familia mixta o aun si sus hijos son adoptados, igualmente ustedes trasmiten muchas de sus características y valores a sus niños). Identifiquen estos rasgos y menciónenlos a su cónyuge cuando tengan la oportunidad: «Robbie se ríe igual que tú, es contagioso y me hace reír también»; o «Jessie sacó tus grandes y hermosos ojos azules»; o «Annie tiene tu personalidad agradable y despreocupada; qué ventaja tan maravillosa para llevarse bien con la gente». Utilice esas observaciones positivas para afirmar y animar a su pareja.

LOS NIÑOS FOMENTAN EL TRABAJO DE EQUIPO

*E*l ser padres definitivamente requiere asumir un enfoque de equipo. Es difícil para uno solo hacerlo todo. Como padres jóvenes, nuestras noches iban mejor cuando nos ayudábamos el uno al otro. Ambos buscábamos soluciones, como cuando contratamos a nuestro vecino de once años de edad para venir a nuestra casa a jugar con los niños durante la «hora del suicidio», esa hora del atardecer cuando Claudia ya estaba exhausta y tratando de tener la cena y la mesa listas. Con solo darle a su pareja un cupón válido por una hora a solas «fuera de servicio» ayudará a consolidar el equipo de su matrimonio.

Piensen en lo que pueden hacer para formar un equipo con su pareja. Piensen en ideas acerca de cómo disminuir las situaciones de tensión como la «hora de locura en la mañana».

Uno puede asumir la responsabilidad del desayuno mientras el otro se asegura de despertar a los niños, ayudarlos a vestirse y lograr que estén listos dentro de los horarios. A la noche, cuando los niños están la cama, pueden hablar de cómo tratar con la tensión extra que pueden estar experimentando. El solo saber que otra persona entiende nuestra tensión ayuda tremendamente a manejarla de forma apropiada.

LOS NIÑOS PROMUEVEN LA APRECIACIÓN

*D*ebido a que las responsabilidades de ser padres dejan menos tiempo libre para los dos, aprenderán a apreciar nuevas cosas en ustedes. Estar juntos, a solas, es un lujo por el cual vale la pena trabajar. Cuando tengan un par de minutos, hagan una lista, por separado, de los atributos positivos que ven en su pareja en cuanto a la crianza de los niños. Por ejemplo: «La paciencia increíble de Hank con nuestros niños me motiva a no reaccionar en forma exagerada cuando me enojo con uno de ellos».

Cuando finalmente encuentren esos pequeños minutos a solas, compartan sus listas.

LOS NIÑOS PROMUEVEN LA CREATIVIDAD

*U*stedes ampliarán su creatividad si tratan de tener un tiempo juntos cuando sus hijos son pequeños. Pensarán en todo tipo de formas para estar a solas. En un seminario de Matrimonio Lleno de Vida de padres jóvenes, preguntamos cuáles eran sus sugerencias para encontrar un tiempo para estar juntos. Megan, la madre de unos mellizos de seis meses de edad, le recordó al grupo que incluso un tiempo parcial a solas puede ayudar. Ella sugirió una cita llevando el bebé en su cochecito. Su bebé disfrutará del aire fresco, y ustedes disfrutarán del ejercicio y la conversación.

Otras sugerencias del grupo incluyeron lo siguiente:

- Planeen una «cita organizada para hacer diligencias». Agrupen juntos todas sus diligencias. Pueden tener un tiempo a solas en el auto mientras van a la tintorería, al correo, a la farmacia, y de camino a casa, cómprense un yogurt helado.
- Tómense un tiempo mientras sus hijos están en la práctica de fútbol. Si necesitan estar cerca de los niños, caminen juntos alrededor de la cancha y conversen.
- Vayan a un parque con canchas de tenis. Denles a sus hijos muchas pelotas y ustedes dos pueden sentarse y conversar. La cancha de tenis se convierte en un gigantesco corral para los niños.
- Planeen una salida el mismo fin de semana en que sus hijos viajan con la banda o la orquesta.
- Si tienen adolescentes, planeen su tiempo libre para los sábados por la mañana. ¡Pueden estar seguros de que sus adolescentes dormirán hasta el mediodía!

LOS NIÑOS OBSERVAN CÓMO NOS COMUNICAMOS Y NOS MANTIENEN COHERENTES

*E*s sorprendente todo lo que uno dice y lo que no dice cuando nos están escuchan unos pequeños oídos. Ustedes son el modelo para sus hijos. Y esto debe ser suficiente razón para detenernos a pensar antes de hablar. Este solo hecho puede beneficiar a cualquier matrimonio.

Nosotros también aprendimos que necesitábamos estar siempre del mismo lado y decirles lo mismo a nuestros hijos. Los niños les harán a los dos la misma pregunta para luego actuar de acuerdo a la respuesta que más les convenga. Nuestros varones nos hubieran hecho picadillo si hubiéramos estado divididos e incomunicados.

Usen las conversaciones con sus hijos como un trampolín para sus propias conversaciones privadas. Discutan sobre cuán coherentes son entre lo que hacen y lo que dicen. Los niños se dan cuenta de la realidad. Si lo que decimos no se corresponde con lo que hacemos, esos ojitos pequeños lo observarán y lo reportarán.

Les enseñan a sus niños que está mal mentir, pero ellos oyen cuando ustedes dicen: «Dile que no estoy en casa», al sonar el teléfono y ser alguien con quien no quieren hablar, o cuando dejan a su hijo de doce años ir al cine a ver una película no apta para menores de trece. Los niños necesitan que sus padres sean honestos, auténticos y que admitan sus errores.

LOS NIÑOS EVITAN EL ABURRIMIENTO

*E*s imposible aburrirse cuando hay niños a su alrededor; siempre pasa algo. No tendrán que preocuparse de estar por la noche lamentándose: «Ay, ¿qué podemos hacer?» ¡Si no tienen planes, sus hijos los tendrán! Además, los niños también pueden ayudarles a relajarse, ya que en cada familia suele haber alguien gracioso que ayuda a tomar las cosas en forma más sencilla y despreocupada. Su matrimonio será más divertido y menos aburrido si aprenden a reírse con sus hijos y de ustedes mismos.

LOS NIÑOS NOS DAN GRANDES RECOMPENSAS

*P*resenciar la graduación universitaria de nuestro hijo menor fue una experiencia muy gratificante. Cuando él y sus compañeros desfilaron por la plataforma, se escuchó al unísono el suspiro de alivio de alrededor de seiscientos padres.

Es muy gratificante ver a nuestros hijos lanzarse a la vida. Y parte de esa gratificación está en todos los recuerdos de cómo nuestros hijos enriquecieron nuestras vidas y nuestro matrimonio. Nunca se les agotarán los momentos para recordar. Sin embargo, nosotros también los enviamos a la vida con numerosas experiencias de cómo nuestro matrimonio ha enriquecido sus propias vidas!

CÓMO NUESTRO MATRIMONIO ENRIQUECE A NUESTROS HIJOS

*U*no de los regalos más importantes que les podemos dar a nuestros hijos es el de ser padres que se aman mutuamente. Lo hemos dicho antes, pero vale la pena repetirlo: La mejor manera de ayudar a nuestros hijos a construir matrimonios exitosos es teniendo éxito en nuestro propio matrimonio. Un matrimonio que se enriquece día a día frente a sus ojos, fortalecerá sus propios matrimonios con todo tipo de vitaminas. Consideren las siguientes formas en que nuestro matrimonio enriquece las vidas futuras de nuestros hijos y sus matrimonios.

Nosotros proveemos seguridad, amor y un sentido de pertenencia

A partir de la investigación de Abraham Maslow sobre la jerarquía de las necesidades humanas, la familia provee aquellas necesidades básicas: hogar, refugio, seguridad, comida y ropa.[2] Pero esto no termina ahí. Un matrimonio saludable y enriquecido les da a los niños un sentido único de seguridad y amor. Mientras nuestros hijos sientan el amor del uno por el otro, ellos estarán envueltos en ese amor. Con este fundamento ellos desarrollan un sentido de pertenencia e identidad. El matrimonio nos da una oportunidad única para influenciar en las generaciones próximas y transmitir un legado de amor.

Nosotros modelamos relaciones saludables

Sus hijos aprenden cómo construir relaciones saludables observandolos a ustedes relacionarse el uno con el otro en su matrimonio. Ser capaces de relacionarse con otros de una manera positiva y construir relaciones personales profundas es uno de los mejores regalos que les podemos dar a nuestros hijos.

¿Qué ejemplo les están dando ustedes a sus hijos? ¿La mayoría de la comunicación que ellos escuchan de ustedes está basada en el compañerismo? De ustedes aprenderán cómo expresar sus propios sentimientos y a tratar con el enojo de una manera positiva.

Cuando nuestros hijos eran pequeños, les enseñamos la fórmula de los sentimientos y a menudo les recordábamos: «Escucho algunos sentimientos muy fuertes y eso está bien, ¿pero puedes decirlo una vez más empezando tu oración con "yo"?» Esto no solo nos ayudó en nuestra comunicación con nuestros hijos, sino que les ayudó a ellos en sus etapas de crecimiento, madurez, y posteriormente en sus matrimonios.

Nosotros proveemos orientación y liderazgo

Como padres, nuestra obligación es guiar a nuestros hijos. Es por esto que resulta extremadamente confuso si mamá y papá están dando consejos diferentes. Cuando estamos juntos y del mismo lado, enviamos mensajes positivos. Nuestros hijos aprenden a confiar en nosotros. Saben que no somos perfectos, pero también saben que somos sinceros y estamos unidos. Esto mantiene abiertas las líneas de comunicación, y aún cuando son adultos se sienten con la libertad de pedir nuestras opiniones. (¡Y ocasionalmente nos sentimos en la libertad de dárselas!)

Nosotros enseñamos aptitudes sociales

El hogar es la primera escuela para aprender aptitudes sociales en la vida. Y ya que tantas de estas aptitudes tratan de las relaciones, la pareja matrimonial es la ideal para transmitir las lecciones más importantes de la vida. Tal vez quieran hacer una lista de las lecciones que aprendieron de sus padres. Luego hagan una lista de las lecciones que esperan que sus hijos aprendan de ustedes. Cosas tales como trabajo en equipo, administración, responsabilidades, límites, cuidado del medio ambiente, etc.

Nosotros transmitimos tradiciones y valores

¡Qué oportunidad tan grande tenemos en nuestro matrimonio de transmitirles tradiciones y valores a nuestros hijos, a sus futuros cónyuges y a sus familias! Aunque nuestros hijos no son clones y no reflejarán todas nuestras tradiciones y valores, sus creencias principales provienen generalmente de su hogar de origen. Un buen ejercicio como pareja sería enumerar sus creencias y valores básicos. ¿Qué tradiciones son las más importantes para ustedes? ¿Cómo están modelando esas creencias principales? ¿Es hora de indagar más profundamente y explorar juntos el significado verdadero de la vida? En el próximo capítulo tendrán la oportunidad de hacer precisamente eso. Mientras tanto, disfruten enumerando las maneras en que su matrimonio enriquece a sus hijos y sus hijos enriquecen a su matrimonio. ¡Todos, tanto ustedes como sus hijos, se beneficiarán!

Ahora es el momento de tener una cita sin los hijos.
¡Pasen a la Octava Cita en la Guía de las Citas
y celebren juntos cómo sus hijos enriquecen sus vidas!

NOTAS

1.   Paul Pearsall, *Super Marital Sex,* Ballantine, New York,1987, p. 16.

2.   Abraham Maslow, *Motivation and personality,* Worth, New York, 1970.

DESARROLLAR UNA INTIMIDAD ESPIRITUAL

E n las últimas ocho citas nos hemos enfocado en cómo revitalizar su relación con diversión, amistad e intimidad. Ahora queremos enfocarnos en cómo la intimidad espiritual puede mejorar en general la calidad de un matrimonio. Cuando hablamos de espiritualidad, nos referimos a lo más íntimo de sus creencias y cómo estas afectan su identidad y sus acciones. Sus creencias fundamentales influyen en todas las dimensiones de su vida y se ponen en práctica a diario en los valores morales y en las elecciones que hacen.

Para nosotros, tener intimidad espiritual el uno con el otro consiste en compartir las mismas creencias básicas. Es tener un propósito compartido en la vida, un llamado a algo que es más grande que nosotros dos. Nuestra unidad espiritual es la que nos ayuda a superar las tormentas de la vida y nos da paz interna en medio de un mundo turbulento. Estamos convencidos de que el tener una dimensión espiritual dentro del matrimonio aumenta la satisfacción conyugal.

En realidad, numerosos estudios sugieren que el hecho de tener una dimensión espiritual en la vida tiene un impacto favorable en el matrimonio. Por ejemplo, las parejas que oran juntas frecuentemente, por el contrario a aquellas que lo hacen con menor frecuencia, describen a sus matrimonios con un alto nivel de romanticismo.[1] Además, aquellos que son creyentes son menos propensos al divorcio y tienen un alto nivel de satisfacción y un mayor grado de compromiso.[2]

Hay quienes incluso dicen que el desarrollar un sistema de creencias compartidas es clave hasta para tener una relación sexual saludable.[3] Estos descubrimientos tienen sentido para nosotros, porque el hecho de tener un sistema de creencias compartidas nos ha mantenido unidos mientras lidiamos con los problemas, y situaciones diarias de la vida y el amor.

Ciertamente el matrimonio ofrece una oportunidad única para la intimidad. Provee el tiempo necesario para crecer juntos espiritualmente. Así que en este capítulo nos enfocaremos en cómo desarrollar una intimidad espiritual al desarrollar un sistema de creencias centrales compartidas. Después veremos cómo estos valores centrales impactan a la relación matrimonial.

Sabemos que no todos los que participan de nuestro programa de *10 Citas Extraordinarias* son creyentes o inclinados a la espiritualidad. Sin embargo, creemos que todos tenemos un sistema de valores fundamentales. Llámenlo religión, filosofía, ética personal, lo que sea, sus creencias fundamentales determinan quiénes son y cómo se relacionan con otros.

¿Cuáles son sus creencias fundamentales compartidas? Quizás este es un tema que ustedes realmente nunca hayan discutido. ¿Están dispuestos a hacerse preguntas difíciles e inquirir hasta que encuentren respuestas? Entonces esta cita los puede beneficiar. Pueden desarrollar una intimidad espiritual así como la intimidad de pareja. En las siguientes páginas nos tomaremos la libertad de compartir nuestra búsqueda personal de intimidad espiritual con la esperanza de que nuestra experiencia les anime en su propia búsqueda.

NUESTRA BÚSQUEDA PARA LA INTIMIDAD ESPIRITUAL

Nuestra búsqueda espiritual empezó con un suceso un poco traumático. Casados por casi cuatro años, nos encantó saber que íbamos a ser padres. En la última semana del embarazo, descubrimos que nuestro bebé estaba en posición incorrecta. Los médicos, sin embargo, nos aseguraron que todo estaba bien hasta el mismo momento del parto.

«¡Por favor, deja vivir a este bebé!», rogaba desde la mesa esterilizada de la sala de partos en el Hospital General Militar Madigan. Era 1966. Habíamos pasado las últimas tres semanas mudándonos a nuestros cuarteles del ejército en Fort Lewis, Washington, y preparando el cuarto para nuestro primer hijo.

Mudarnos de vuelta a los Estados Unidos después de haber servido con el ejército en Europa durante las últimas semanas de mi embarazo fue arriesgado. Pero no tuvimos otra alternativa, el Tío Sam nos llamó y nosotros respondimos. Ese día quedó grabado en mi memoria:

«En el momento que di a luz a nuestro primer hijo, no lo oí llorar al recibir los primeros alientos de vida. No escuché el entusiasmo ni las felicitaciones de los médicos y las enfermeras presentes. En su lugar oí a los médicos especialistas consultándose con ansiedad mientras observaban a nuestro hijo. Finalmente comprendí lo que estaban diciendo: Mi bebé no respiraba. Esos primeros minutos de tortura parecieron horas. Yo supe, por el rostro de los médicos y las enfermeras, que lo que estaba pasando no era normal, no era algo que se podía arreglar con una palmada. Mi bebé recién nacido tenía problemas».

«Cuando me di cuenta de que nuestro primer hijo estaba luchando por su vida, instintivamente le pedí a Dios su intervención sobrenatural a su favor. Y momentos después David Jarrett Arp respiró el aire glorioso que da vida, reclamando este mundo como suyo y a nosotros como sus padres. ¡Mi oración había sido escuchada!»

Aunque algunos describirían esta experiencia como una coincidencia, para nosotros no fue así. Yo hablaba en serio cuando le pedí ayuda a Dios. Y al sentir tan profundamente una presencia divina cuando recibí la respuesta a mi simple oración, David y yo supimos que este era el comienzo de nuestra búsqueda espiritual.

NUESTRO DESCUBRIMIENTO ESPIRITUAL

Antes del nacimiento de Jarrett nunca les habíamos prestado mucha atención a nuestra vida espiritual o a nuestras creencias fundamentales. Hasta ese día fatal de 1966, nuestras vidas se habían encaminado tranquilamente y no habíamos sentido la necesidad de examinarlas con demasiada profundidad. Relacionarnos el uno con el otro nos era fácil. Nos sentíamos seguros de nuestro amor. Claro que teníamos ocasionalmente algún desacuerdo, pero no habíamos experimentado ninguna tensión seria hasta el nacimiento de nuestro primer hijo. Ahora recién habíamos sobrevivido al trauma de una mudanza intercontinental, un parto difícil con una profunda experiencia espiritual transformadora de vida, y la tensión tremendamente común de tener a un bebé con cólico debido a los gases. Aunque anteriormente ya nos habíamos comprometido el uno con el otro, y en esa sala de partos también nos comprometimos a encontrar y a entender a Dios, estábamos sufriendo por algunos problemas que la vida presenta. A partir de ahí nuestro matrimonio empezó a tener algunos problemas.

Por primera vez empezamos a contestarnos bruscamente y a discutir. Parecía que cuanto más tratábamos de hacer funcionar nuestro matrimonio, peor se ponían las cosas. No habíamos empezado bien como pareja nuestra labor de padres, y no teníamos ni los recursos ni la habilidad para encontrar respuestas espirituales.

Un par de años más tarde, nos habíamos mudado a Atlanta, Georgia, y ahora esperábamos a nuestro segundo hijo. Durante este tiempo habíamos renovado nuestra amistad con algunos amigos de la universidad y nos unimos a un grupo local de oración. Habíamos crecido en la tradición cristiana y finalmente esta semilla espiritual plantada en nuestra niñez empezó a echar raíces. Al cuestionarnos seriamente sobre nuestro propio sistema de creencias fundamentales, poco a poco empezamos a ver otras cosas internas. Empezamos a comprender verdades espirituales que en el pasado habíamos eludido. Y al mirar a nuestro hijo de dos años lleno de energía, no nos era difícil creer que había un Dios que escucha y responde a nuestras oraciones. Las travesuras de Jarret, (que demandaba de nosotros cosas como que nos sentáramos en la silla de noche de su cuarto hasta que se durmiera), nos mantenía en constante expectativa.

Durante este tiempo fue de mucha ayuda nuestra incesante búsqueda de respuestas espirituales. Empezamos a leer la Biblia y nuestro camino hacia la comprensión de las cosas espirituales fue iluminado por el amor, la aceptación y el perdón de Dios, los que hasta el día de hoy tocan hasta lo más profundo de nuestro ser. Y cuando Dios comenzó a hacerse más real y personal en nuestras vidas, empezamos a experimentar una intimidad espiritual en nuestro matrimonio. Era como si nos hubieran conectado a una nueva fuente de energía. Encontramos refugio y sentido en nuestro Creador que nos liberó para así poder amarnos y aceptarnos el uno al otro de una manera más profunda.

Nuestra renovada fe nos dio el coraje de asumir riesgos y estar dispuestos a crecer. En el centro de nuestro sistema de valores hay un Dios que participa en nuestra vida diaria. Al poco tiempo de empezar nuestro nuevo camino espiritual, tuvimos la oportunidad de ponerlo a prueba. Aunque nos encantaba estar en Atlanta con nuestros amigos y cerca de nuestra familia, yo no estaba muy a gusto con mi trabajo. Cuando rechazaron mi solicitud para cambiar de división en la empresa, decidí dejar el trabajo y correr el riesgo. (¡Sin pedir primero la opinión de Claudia!)

El día no empezó diferente a cualquier otro, pero a partir de ese momento, nuestras vidas cambiarían: Llamé a Claudia para decirle que llegaría un par de horas tarde, pero no di ninguna otra explicación.

¡Claudia asumió que había surgido otro proyecto importante en el trabajo, sin imaginar lo que realmente estaba pasando!

Ella sabía lo frustrado que me sentía en el trabajo, pero no estaba preparada para oír mi anuncio cuando llegué y dije: «¡Cariño, renuncié!»

«¿Pero cómo vamos a vivir?», fue la respuesta inmediata de Claudia.

Ahora teníamos dos hijos. (Joel Hayden Arp había venido recientemente a unirse a su hermano Jarrete.) Contábamos con una muy pequeña cuenta de ahorros, y también debíamos afrontar los pagos de la casa.

«No estoy seguro», respondí. «Pero tú sabes que he estado descontento en el trabajo. Bueno, empecé a orar. Oré para que la compañía me permitiera trasladarme a otra división, pero esto no ocurrió, así que asumí que estaba siendo dirigido a otro trabajo en algún otro lado».

«¿No consideraste», dijo Claudia, «que podías mantener tu trabajo mientras buscabas otro?»

Si alguna vez usted ha cambiado de empleo (por su propia voluntad o no) conoce ese temor en la boca del estómago que le dice en privado: «Puede que muramos de hambre». ¡Si nuestro nuevo sistema de creencias fundamentales y la fe en Dios tenían realmente tanta importancia para nosotros, este era el momento de ponerlos a prueba!

Recuerdo que ese fue un tiempo difícil, especialmente para mí, pero en momentos como esos, nuestra relación necesitaba una dimensión más profunda. La transparencia en la espiritualidad y la intimidad que teníamos los dos nos ayudó mucho.

Primeramente, Claudia y yo fuimos capaces de orar en cuanto a nuestra situación. Cuando uno de los dos sentía temor, reconocíamos que nuestra unión espiritual nos daría la fortaleza necesaria para continuar. En segundo lugar, durante este tiempo descubrí mi identidad y mi significado como persona en el reino espiritual (quién era yo y mi fe en Dios), no en relación con mis logros o fracasos referentes al trabajo. Esto me dio un sentido real de paz en medio de nuestra inseguridad financiera y, por supuesto, también influyó en Claudia. Estábamos convencidos, y lo afirmábamos, de que nuestra vida juntos tenía un significado y un propósito que iban más allá de nosotros mismos. El hallar nuestra seguridad absoluta en el reino espiritual nos permitió acercarnos más y no separarnos, así que Claudia trató en realidad de apoyarme. Definitivamente tuvimos nuestros momentos difíciles, pero la intimidad espiritual es la que nos ayudó a sobrellevarlos.

«Varias semanas más tarde, sonó el teléfono. Una firma ejecutiva representando a una compañía de artículos médicos estaba buscando a alguien con conocimientos de gerencia y computación para abrir una oficina en el área de Atlanta. ¿Estaría el señor Arp interesado en una entrevista para esta posición? (Aun no sé cómo obtuvieron mi nombre). Pasé por el proceso de las entrevistas y en un par de meses ya tenía empleo otra vez».

«Esta historia tuvo un final feliz, mas no fue una época fácil. No me gustaría repetirla. Pero hoy, al reflexionar en esa situación, veo cómo nuestra unidad espiritual nos permitió asumir riesgos, salir de nuestra zona de comodidad y crecer más cerca de Dios y el uno del otro».

Tres décadas más tarde nuestro viaje espiritual continúa. Mantenemos todavía lo que describimos como una relación personal y cercana con Dios, y esta espiritualidad ha influenciado nuestras vidas en muchas maneras. Y la que más sobresale es en nuestra relación matrimonial.

¿Dónde se encuentran ustedes en su viaje espiritual? ¿Se pueden relacionar con nuestra experiencia? Dondequiera que estén en su viaje, nosotros creemos que cada persona tiene un sistema de creencias fundamentales. Si se enfocan en comprender su papel en el universo, el significado de sus vida, sus relaciones, y también de sus creencias acerca de lo sobrenatural y Dios, su ser entero se beneficiará. Además, podrán obtener una identidad y una conexión amorosa con su pareja como jamás lo hubieran imaginado. ¿Pero exactamente a qué nos referimos cuando hablamos acerca de este viaje hacia la intimidad espiritual?

¿EN QUÉ CONSISTE LA INTIMIDAD ESPIRITUAL?

*P*ara nosotros, la palabra *espiritual* sugiere un dominio de un ser más elevado infinitamente superior a la sabiduría humana e imposible de entender completamente. Así que cualquier cosa en el terreno espiritual requiere una fe que va más allá del razonamiento o el entendimiento humano. La palabra *intimidad* significa un acercamiento emocional. Cuando usamos las dos palabras juntas, intimidad espiritual significa un acercamiento emocional a Dios nuestro Creador. Y nuestra experiencia ha sido que este acercamiento emocional a Dios contribuye al acercamiento emocional del uno al otro. Este acercamiento emocional a Dios y entre nosotros nos ayudó cuando perdí mi trabajo.

Los doctores Les y Leslie Parrott iluminan el tema sobre el valor de la intimidad espiritual en un matrimonio cuando escriben acerca de «un compromiso compartido para el descubrimiento espiritual» en su libro *Asegure el éxito en su matrimonio antes de casarse*. Ellos afirman: «La dimensión espiritual del matrimonio es una fuente práctica de alimento para el crecimiento y la salud matrimonial. Ningún factor en particular hace más por cultivar la unidad y un sentido significativo de propósito en el matrimonio que un compromiso compartido de descubrimiento espiritual. Este es el alimento más deseado por nuestras almas».[4] ¡Nosotros sabemos que, en nuestro propio viaje, nuestro compromiso de tener intimidad espiritual nos ha ayudado a satisfacer nuestras almas sedientas!

Si bien la intimidad espiritual rechaza una definición simple, para nosotros tiene dos componentes principales que son más fáciles de entender. Primero está el compromiso a descubrir lo espiritual y a definir sus creencias fundamentales compartidas. El segundo componente es la forma en que dichas creencias fundamentales se viven en sus relaciones interpersonales.

DESCUBRAN SUS CREENCIAS FUNDAMENTALES

*L*os doctores Howard Markman, Scott Stanley y Susan Blumberg, en su libro *Luchando por su matrimonio*, enfatizan la importancia de tener un sistema de creencias fundamentales compartidas. Ellos escriben: «Un sistema de creencias compartidas, tales como el entendimiento mutuo acerca del significado de la vida, la muerte y el matrimonio, facilita el desarrollo de una visión en la relación de pareja. A la vez, el tener una visión en la relación de pareja apoya la opinión, a largo plazo del compromiso mutuo».[5]

Hemos compartido con ustedes nuestro viaje espiritual y la base de nuestras creencias fundamentales. ¿En dónde se encuentran ustedes en su viaje? ¿Han identificado sus creencias fundamentales? ¿Tienen una visión compartida? ¿Es el compromiso hacia su pareja de largo plazo?

Mientras la base de una intimidad espiritual es un sistema de creencias fundamentales compartidas, sabemos que los opuestos se atraen y que las parejas no tienen que estar de acuerdo en todo. Sin embargo, algunas cosas fundamentales sí deben regir la relación de pareja. Algunas de nuestras propias creencias fundamentales incluyen las siguientes declaraciones: El matrimonio es un compromiso de por vida. Hay un Dios que se relaciona con nosotros e influye nuestras vidas. La oración es una parte muy importante de nuestra relación. Respetar la individualidad de cada uno es esencial para el crecimiento de nuestra relación de pareja.

Otras creencias compartidas pueden incluir pensamientos políticos similares, preocupaciones sociales y sobre el medio ambiente, y la filosofía de cómo criar a los hijos. Cualquiera que sean sus creencias compartidas, ellas son la base de una relación íntima. Ellas son los vínculos a los cuales se aferra la pareja cuando las presiones de afuera amenazan la relación.

Tal vez ustedes estén pensando que no tienen ninguna creencia compartida, bueno, probablemente las tienen, pero no se han dado el tiempo para pensar en ellas o expresarlas. Háganlo ahora. ¿Cuáles son los valores morales fundamentales que ustedes y su cónyuge comparten? ¿Cuáles son los principios de la vida que ambos tratan de aplicar en su matrimonio y en su familia? ¿En qué aspectos de sus vidas espirituales están de acuerdo?

Los Parrott reafirman la importancia de buscar creencias compartidas cuando escriben: «Compartir el supremo significado de la vida con otra persona es el llamado espiritual de las almas gemelas, y cada pareja debe contestar a ese llamado o se arriesgará a tener un matrimonio atrofiado y subdesarrollado».[6]

Descubrimos que nuestra fe en común y nuestras creencias nos dieron la oportunidad de desarrollar una intimidad personal más profunda del uno con el otro. Hace miles de años, el rey Salomón observó el valor de la intimidad espiritual cuando dijo que dos son mejor que uno, porque tienen una buena recompensa por su trabajo... Pero aún mejor, una cuerda de tres hilos no se rompe fácilmente.[7]

Nuestra relación funciona mejor cuando reconocemos que nuestra cuerda tiene tres hilos. ¿Cuáles son esos tres hilos? David es un hilo, yo soy el otro. El tercer hilo es la dimensión espiritual de nuestro matrimonio. Vemos nuestro matrimonio como una sociedad del uno con el otro y con Dios. Muchas veces nos decepcionamos mutuamente, y es entonces cuando miramos hacia el tercer hilo para mantener nuestra cuerda fuerte, para mantenernos unidos cuando nuestros hilos individuales son frágiles.

Otra historia ilustra mejor de lo que estamos hablando. En el capítulo uno les contamos de nuestra mudanza a Alemania en 1973 y la tensión que ese cambio repentino trajo a nuestro matrimonio cuando nos mudamos en el muy corto plazo de seis semanas. ¡Pero lo que no les dijimos fue cuán en desacuerdo estábamos en cuanto a mudarnos! En primer lugar era un tiempo crítico. En ese entonces teníamos tres niños pequeños y estábamos felizmente establecidos en Knoxville, Tennessee. ¿Mudarnos? ¿Quién lo hubiera considerado? David sí. Yo no.

Pasamos muchas horas discutiendo los pros y los contras de un cambio tan drástico. David veía las oportunidades, la aventura y el desafío de un trabajo nuevo. Yo veía la pérdida de la familia, los amigos y el hogar que amábamos para enfrentarnos a todas las complicaciones de una mudanza y la sobrevivencia en una cultura extranjera con tres varones pequeños y activos. A David le atraía el desafío. Yo me sentía asustada. El tiempo para tomar una decisión se nos agotaba.

Oramos juntos y oramos por separado acerca del posible cambio. David sintió paz. ¡Yo sentía pánico! Finalmente, el tiempo límite se acercaba. ¿Dejaríamos pasar esta oportunidad única en la vida? No había respuestas o soluciones fáciles. ¡Simplemente no podíamos ponernos de acuerdo! Ahora reconozco que no sé lo que hubiera sucedido si no hubiéramos tenido la base de nuestro mutuo compromiso de por vida y nuestro propósito de una vida compartida. Nunca olvidaré el sentimiento de estar totalmente fuera de sintonía con David; él se sentía muy seguro de no dejar pasar esta oportunidad.» Finalmente me di cuenta de que sus deseos de ir eran más fuertes que los míos por quedarnos. También me di cuenta de que sus sentimientos se basaban en cómo nuestros dones engranaban con la oportunidad del trabajo, además tenía una gran convicción de que Dios realmente nos llamaba a Europa.

«Mi opinión en cambio se basaba en el miedo a lo desconocido y en dejar atrás lo que conocía.» En ese momento tomé la decisión de, para bien o por mal, aceptar su gran convicción y seguirlo.

«¿Fue fácil? ¡Absolutamente no! Fue lo más difícil que he hecho. Estaba segura de que habíamos cometido el error más grande de nuestras vidas. ¿Me sentí de inmediato como en mi hogar en Alemania? ¡De ninguna manera! Físicamente llegue allí en julio y mis emociones llegaron en febrero. Pero al final, me alegré de haberme arriesgado. Fuimos por tres años y nos quedamos casi diez. Ahora los llamamos los años de oro.»

«Sin embargo, para ser honesta, si no nos hubiéramos comprometido el uno con el otro y con Dios; si no hubiéramos sentido que había un propósito en nuestras vidas y en nuestra mudanza a Europa que era más grande que nosotros dos; y si no hubiéramos estado comprometidos a amarnos, servirnos y perdonarnos el uno al otro, no creo que lo

131

hubiéramos sobrevivido. Nuestro sistema de creencias fundamentales nos mantuvo firmes.

Quizás en algún momento ustedes se hayan enfrentado a una situación crítica similar; una enfermedad, una tensión financiera, o una relación arruinada. Todos tienen problemas por lo menos en una de estas áreas. Cualesquiera sean los temores y la crisis que enfrentan actualmente, este es el momento de afirmar aquellas cosas que son verdaderamente importantes en la vida. Ustedes necesitan entender y afirmar su sistema de creencias fundamentales. Eso ayudará a desarrollar su intimidad espiritual y también les permitirá vivir esas creencias en su matrimonio.

En un reciente estudio nacional que realizamos sobre el matrimonio, descubrimos que la clave para la satisfacción y la intimidad espiritual en matrimonios a largo plazo es cómo la pareja se relaciona el uno con otro, no su participación en actividades religiosas. Asistir a los servicios religiosos no garantizaba la intimidad espiritual. Son las decisiones diarias en base a nuestros valores seleccionados las que nos permiten vivir nuestra intimidad espiritual. Esta es una función de nuestras creencias fundamentales.

VIVIR NUESTRA INTIMIDAD ESPIRITUAL

¿*H*an escuchado acaso el viejo dicho de amar al prójimo como a uno mismo?[8] Esto tomó un significado nuevo y fresco cuando lo aplicamos a nuestro matrimonio. La palabra clave, *prójimo*, significa la persona más cercana a uno. Y para cualquier persona casada la persona más cercana a uno es su pareja, con quien uno ha escogido compartir la vida al nivel más profundo y más íntimo. Si amamos a nuestro cónyuge como a nosotros mismos, desearemos su felicidad. Vamos a servirle, y no ser servidos, y resistiremos el impulso de manipular o de imponer nuestra voluntad. Tendremos una relación basada en el amor y la confianza.

Muchos conflictos matrimoniales serían resueltos si solo amáramos al otro como a nosotros mismos. Muy a menudo nos centramos en el «yo», queremos que las cosas funcionen a «mi» manera. Pero es precisamente el enfoque contrario lo que promueve la intimidad espiritual. Consideren las siguientes maneras en las que nosotros tratamos de vivir la esencia de «la intimidad espiritual» a través del amor incondicional y la aceptación, el perdón, la oración y el servicio.

EL AMOR INCONDICIONAL Y LA ACEPTACIÓN

*E*n el centro de nuestro sistema de valores fundamentales está el compromiso a aceptarnos y amarnos el uno al otro incondicionalmente; no se trata de «Te amaré si...» sino «Te amaré a pesar de...». ¡Sin embargo, esto no es fácil de hacer y en muchas ocasiones nos quedamos cortos! En la «vida real» no siempre es fácil aceptarse el uno al otro.

Demasiado a menudo reaccionamos a situaciones superficiales, como la vez en que Claudia se cortó el cabello demasiado. Era mucho más corto de lo que ella había querido, ¡y mi comentario: «Te ves más madura, ¿no?», enfureció a Claudia!

No siempre es fácil aceptar esas diez libras de más que quisiera que su pareja rebajara, o ser agradable cuando descubre que su cónyuge envió los papeles de los impuestos sin firmarlos, o tener que economizar porque su pareja se gastó el cheque en una nueva impresora de computadora que no necesitaban. Y también todos tenemos pequeños hábitos irritantes tales como dejar pañuelos de papel tirados por todos lados, o no devolver los videos o los libros de la biblioteca, o no colgar la ropa antes de ir a dormir por la noche. Sin embargo, nuestro compromiso básico a aceptarnos nos ayuda a perseverar.

No obstante, en un matrimonio espiritualmente íntimo no solo nos esforzamos por aceptarnos el uno al otro, sino que también luchamos por amarnos el uno al otro de forma incondicional. Hace dos mil años, el apóstol Pablo le dio algunos buenos consejos a la gente de Corinto, que estaba teniendo problemas para amarse incondicionalmente. Les recordó que el amor es paciente y bondadoso. No envidie ni se enoje fácilmente con quien realmente ama. Amar es perdonar, y no llevar la cuenta de los males o acaso siquiera notar los defectos del otro.[9]

¿Puede nuestro amor compararse con la descripción de San Pablo? ¡No siempre! Es difícil amar así. De ninguna manera es natural y en nuestra experiencia es la dimensión espiritual de la vida la que nos da el poder para vivir este tipo de amor el uno con el otro. Tenemos que darnos cuenta continuamente de que el amor es una opción que podemos tomar.

A veces nos brindamos un amor incondicional en momentos difíciles, como cuando la jaqueca de David no se curaba, y tuvimos que cancelar nuestra cena afuera. Yo decidí consolar a David en lugar de quejarme. O la vez en que tuve problemas con una muela y el dentista me dijo: «Tómese un par de aspirinas cuando llegue a su casa y estará bien». ¿A quién trataba de engañar? ¡A mi no! Durante toda esa noche el dolor fue terrible y David se la pasó suministrándome bolsas de hielo y gelatina helada. Ha habido otras ocasiones en que nuestro amor incondicional ha sido muy condicional, pero seguimos intentándolo.

EL PERDÓN

*C*uando se nos hace difícil aceptarnos y amarnos incondicionalmente, nosotros acudimos a otro de nuestros valores fundamentales: el perdón. En la cita número seis hicimos hincapié en la importancia del perdón en una relación amorosa. Los doctores Markem, Stanley y Blumberg afirman la importancia del perdón para nuestra salud mental. Ellos escriben:

> El perdón es un tema central para una relación sana. Las relaciones sanas a largo plazo necesitan un elemento de perdón. De otra manera, se permite la acumulación de las deudas emocionales que destruyen el potencial de la intimidad ... Los matrimonios necesitan el perdón para mantenerse sanos a largo plazo.[10]

Hemos descubierto que el ser capaces de perdonarnos el uno al otro y de pedir perdón nos ayuda a construir una intimidad espiritual en nuestra relación de pareja. Así como Dios nos perdona, nosotros podemos perdonarnos el uno al otro. Un espíritu perdonador nos ayuda a ser más compasivos, tolerantes, generosos y benévolos el uno con el otro. Estas características nos ayudan a construir la intimidad y la confianza en el matrimonio.

LA ORACIÓN

*O*tra creencia fundamental que afecta nuestro nivel de intimidad espiritual es nuestro compromiso a practicar la disciplina de la oración. La oración es un recurso espiritual muy especial en el matrimonio. Para nosotros, orar juntos promueve el acercamiento espiritual. En el libro *To Understand Each Other* [Entendiéndonos el uno al otro], el conocido psiquiatra suizo, Dr. Paul Tornier, escribió:

> Felices son las parejas que reconocen y entienden que su felicidad es un regalo de Dios, que pueden arrodillarse juntos para expresar su gratitud no solo por el amor que él ha puesto en sus corazones, por los niños que les ha dado o por todas

las alegrías de la vida, sino también por el progreso en sus matrimonios, que se realiza a través de esa difícil escuela del entendimiento mutuo.[11]

Hace años adquirimos el hábito de orar juntos. A veces es fácil, otras veces no lo es. Cuando nuestra relación no anda bien, es difícil, por no decir imposible, orar juntos. En esas ocasiones tomamos la sugerencia de nuestros amigos creyentes y ejercitamos la pacífica práctica de compartir el silencio. Esto nos permite orar de acuerdo a nuestras necesidades personales, buscar la comunión con Dios en forma separada y privada, a la vez que nos sentimos apoyados al saber que nuestra pareja también está compartiendo la misma experiencia. Este es un primer paso fácil para poder volver a ejercitar la oración y la adoración juntos. Según la tradición cuáquera, el tiempo de devoción concluye apropiadamente con el beso de la paz.[12]

EL SERVICIO

*C*reemos que nuestra vida compartida debe tener una calidad de sacrificio que conduce al servicio. Primero tratamos de servirnos el uno al otro. Luego tratamos de servir a los demás. Los matrimonios cambiarían radicalmente si tuviéramos un corazón servicial.

Es difícil aprender a servirse el uno al otro, especialmente en la intimidad de una relación matrimonial, pero rápidamente aprendimos que esto es una parte importante del desarrollo de la intimidad espiritual.

Nunca hemos funcionado muy bien en nuestro matrimonio cuando uno o el otro ha tenido que viajar. Fue especialmente difícil cuando nuestros niños eran pequeños y David viajaba mucho. Él volvía a casa exhausto y cansado de la gente. Una vez más un hecho particular resalta en nuestra memoria: David estaba ofreciendo sus servicios en procesamiento de datos y había trabajado por meses diseñando un sistema para una compañía. Este viaje fue supuestamente para cerrar el trato. A último momento el presidente de la compañía decidió no proseguir. Todo el duro trabajo de David fue en vano. Regresó a casa con las manos vacías. ¡Sin ningún contrato firmado! Estaba desanimado, listo para encerrarse en su caparazón.

¿Qué pasaba conmigo mientras tanto? Estaba en casa con un niño de un año y otro de tres. Nuestro hijo mayor acababa de pasarle la varicela a su hermanito. Yo había estado encerrada en casa, desesperada por salir y tener un poco de conversación adulta. ¡Necesitaba refuerzos y esperaba ansiosa la llegada de David para ayudarme!

Sin embargo, no ocurrió exactamente así. Los dos estábamos tan enfrascadoa en nuestras propias miserias que ni siquiera pensamos en servir al otro. Yo no pude entender por qué David no era más sensible a mis necesidades, y por su parte David solo quería estar a solas. Intercambiamos palabras acaloradas acusándonos el uno al otro de ser egoístas.

Después de sentirnos miserables tanto tiempo como pudimos soportarlo, nos pedimos perdón y empezamos otra vez. Años más tarde aún nos vemos atrapados en la telaraña de «mis» necesidades y «tus» necesidades. Todavía tenemos que pedirnos perdón y empezar de nuevo. Conocer el principio no significa que siempre lo apliquemos. Pero es nuestra meta el hacerlo.

Piensen en distintas maneras en que puedan servirse el uno al otro (como ser sensibles al estado de ánimo de su pareja). Si yo no hubiera aturdido a David cuando llegó desanimado a casa después de su frustrado viaje de negocios, las cosas hubieran sido diferentes. Tal vez usted pueda dejar de hacer lo que prefiere y permitir que su pareja elija. David, en lugar de retraerse, pudo haber salido conmigo por un par de horas o simplemente ofrecerse a cuidar a los niños con varicela para que yo pudiera tomar un respiro.

Por otro lado, estamos comprometidos a servir a los demás. Cuando reconocemos que nuestra vida juntos es parte de un propósito divino, buscamos las formas de vivirla sirviendo a los demás. Creemos que el servicio promueve la intimidad espiritual en la relación matrimonial. ¿Pueden pensar en formas en que juntos puedan servir a otros? Quizás les preocupe la ecología y cuidar de nuestro planeta. O tal vez quieran ayudar a un grupo que se ocupe de brindar ayuda comunitaria, o de construir casas para gente que necesita un lugar en el que vivir. Su propio lugar donde se congregan seguramente ofrece muchas oportunidades de servicio. ¡Aquellos que desean servir no tienen que buscar muy lejos para encontrar a los que necesitan de su ayuda desesperadamente! Cada vez que nosotros nos unimos para servir a los demás, nuestro propio matrimonio parece beneficiarse.

AHORA ES SU TURNO

Es muy difícil hablar de desarrollar una intimidad espiritual sin compartir nuestro propio viaje. Hemos asumido el riesgo de compartir parte de nuestro trayecto con ustedes con la esperanza de que esto los motive a considerar su propio viaje.

Permítannos animarlos a aceptar este desafío de desarrollar un sistema de creencias fundamentales compartidas. Estén dispuestos a ser francos con a su pareja y a hacerse vulnerables. Pero por favor, recuerden las citas dos y tres, así como la importancia de tratar los sentimientos de cada uno con mucho cuidado. Su matrimonio será el beneficiado. ¡Si juntos están dispuestos a buscar respuestas para sus propias preguntas difíciles y a definir su sistema de creencias fundamentales compartidas, entonces podrán desarrollar una intimidad espiritual!

Ahora pasen a la Novena Cita en la Guía de las Citas y continúen su viaje hacia una intimidad espiritual.

NOTAS

1. Les y Leslie Parrot, *Saving your marriage before it start,* Zondervan, Grand Rapids, 1995, p. 145.
2. Howard Markman, Scott Stanley y Susan L. Blumberg, *Fighting for your marriage,* Jossey Bass, San Francisco, 1994, p. 285.
3. Paul Pearsall, *Super Marital Sex,* Ballantine, New York, 1987, p. 217.
4. Les y Leslie Parrot, *Saving your marriage before it start,* Zondervan, Grand Rapids, 1995, p. 135.
5. Markman, Stanley, y Blumberg, p. 292.
6. Los Parrot, p. 135.
7. Eclesiastés 4:9-12.
8. Mateo 19:19.
9. 1 Corintios 13:4-5.
10. Markman, Stanley, y Blumberg, p. 294.
11. Paul Tournier, *To understand each other,* John Knox, Atlanta, 1967, p. 60
12. David y Vera Mace, *What's happening to clergy marriages?,* Abingdon, Nashville, 1980, pp. 103-4.

LOGRAR UN MATRIMONIO CON PROPÓSITO

«Yo me siento cómodo estableciendo las metas para nuestra compañía», dijo Ralph, el vicepresidente ejecutivo de una corporación importante y un reciente participante de uno de los seminarios de Matrimonio Lleno de Vida. «Pero nunca consideré la posibilidad de establecer metas con mi esposa para nuestro matrimonio. Tiene sentido ¿Cómo hemos sobrevivido veinticinco años sin ellas? ¿Es ya demasiado tarde?»

Nos alegró decirles a Ralph y a Norma que aún no era demasiado tarde. Nunca es tarde para establecer metas, ya sea que hayan estado casados diez o treinta años. Tampoco es muy tarde para tener un matrimonio con propósito, un matrimonio en donde ambos establecen metas y dan pasos proactivos para mejorar y disfrutar de la relación de pareja. Funcionó para Ralph y Norma y puede funcionar para ustedes también. No estarían en el capítulo diez de este libro si no tomaran en serio el luchar por mejorar su matrimonio. Tal vez tengan unas muy buenas ideas y se pregunten cómo las pueden poner en práctica.

A veces no es tan importante el saber qué hacer, sino cómo poner en práctica lo que sabemos. Se necesitan tres semanas para crear un hábito nuevo y seis semanas para sentirse bien con él. En este capítulo queremos ayudarles a establecer su propio plan de acción y así, a medida que continúen con sus citas de Matrimonio Lleno de Vida, puedan tener un matrimonio con propósito, un matrimonio de alta prioridad. Sugerimos un proceso de tres pasos: Primero, revisen sus expectativas del pasado; segundo, evalúen su estilo de compromiso actual; y tercero, definan sus metas para el futuro.

¿CUÁLES ERAN SUS EXPECTATIVAS?

*E*l primer paso para tener un matrimonio con propósito es entender las expectativas que ambos trajeron al matrimonio. Algunas de sus expectativas eran realistas, otras no. A veces en nuestros seminarios de Matrimonio Lleno de Vida les preguntamos a nuestros participantes cuáles son sus expectativas para el fin de semana y por qué vinieron. A menudo nos dan respuestas inesperadas. Una pareja vino porque se les ofrecía el cuidado de los niños. ¡Otra pareja, porque pensaron que con ello podrían conseguir una reducción de impuestos! Pero los Harrison, una pareja de alrededor de sesenta años, nos dieron otra razón. Ellos habían pagado la inscripción para su hijo y su nuera. A último minuto la joven pareja no pudo asistir y los Harrison no quisieron perder su inversión, así que vinieron en su lugar.

El Sr. Harrison se veía muy incómodo. Cuando él y su esposa tuvieron que trabajar en el primer ejercicio de parejas, estaban muy callados en su esquina. A medida que el seminario progresó, se relajaron, y al final del mismo se convirtieron en grandes defensores del enriquecimiento matrimonial. Desde ese entonces, seguimos encontrándonos con gente que conoce a los Harrison, y les agradecemos la propaganda gratis. Se lo están recomendando a todos sus amigos.

Es más fácil ajustar nuestras expectativas cuando, como los Harrison, empezamos con pocas y nos sorprende comprobar cuán grandioso puede ser algo. Pero generalmente en el matrimonio funciona a la inversa. Lo iniciamos con estrellas en los ojos y la confianza de que nuestra futura pareja llenará todas nuestras necesidades y expectativas. Luego, cuando se acaba la luna de miel, nuestras hormonas se calman, y comenzamos con nuestra rutina diaria, nos percatamos de que el matrimonio no es realmente como lo habíamos esperado.

Además nuestras expectativas pueden ser diferentes. Se le preguntó a un grupo de adolescentes qué era lo que ellos esperarían de su pareja cuando se casaran. Un muchacho dijo que él quería una esposa «anticuada» como su mamá, una mujer que encontrara como algo creativo y excitante la limpieza de la casa, cocinar, lavar y planchar su ropa. Una muchacha del mismo grupo dijo que ella quería tener una exitosa carrera y a la vez tener cinco hijos, estaba segura de que su esposo compartiría un cincuenta por ciento de las responsabilidades del hogar. ¡Nos miramos el uno al otro y pensamos, si estos dos se juntan van a necesitar algo más que nuestro libro y nuestro seminario!

¿Cuáles eran sus expectativas antes de casarse? Escuchen lo que han dicho otros:

- ☞ «La razón principal por la que me casé fue por el sexo»
- ☞ «Yo esperaba que mi pareja satisficiera mis necesidades, que fuera más como yo».
- ☞ «Lo que quería en el matrimonio era el romance».
- ☞ «Yo buscaba la seguridad y el amor, alguien en quien pudiera depender y confiar».
- ☞ «Lo que realmente era importante para mí en el matrimonio era tener paz y armonía, el saber que, cuando nos acostáramos por la noche, todo iba a estar bien».

Obviamente, algunas de esas personas se desilusionaron cuando sus parejas fueron incapaces de satisfacer sus expectativas. La doctora Selma Miller, anterior presidenta de la Asociación de Matrimonios y Consejeros de Familia, dice: «La causa más común de problemas en el matrimonio es que las necesidades de las parejas están en conflicto, pero no pueden discutir el conflicto porque no saben que este existe. Solo saben que se sienten desdichados».[1]

Es importante que hablemos de nuestras expectativas. Es bastante difícil satisfacer las expectativas aun cuando conocemos cuales son, pero es casi imposible cuando no sabemos lo que nuestra pareja espera de nosotros. El matrimonio de Susie y Tom explotó después de quince años. Las expectativas nunca expresadas bombardearon su relación de pareja. Tom quería que Susie reemplazara a su mejor amigo, a quien había perdido en la guerra de Vietnam. Susie por su parte quería que Tom la amara y la mimara como su papá solía hacerlo. Ellos no pudieron cumplir sus mutuas expectativas; ni siquiera sabían cuáles eran.

¿Qué expectativas trajeron ustedes a su matrimonio? ¿Eran la mayoría de ellas realistas? ¿Qué han hecho con las que no han sido satisfechas ¿Aún esperan que su pareja llegue a cumplirlas? ¿Alguna vez han conversado sobre sus expectativas? En la cita número diez tendrán la oportunidad de usar nuestro Cuestionario de Expectativas para aclarar cualquier malentendido y hablar de sus necesidades y expectativas. (Véase la Guía de Citas, cita número diez, para revisar el cuestionario.) Este cuestionario los ayudará a tener un mejor conocimiento de las necesidades de cada uno. Luego podrán evaluar inteligentemente su actual estilo de compromiso en el matrimonio y juntos decidir cómo modificar ese estilo para poder alcanzar sus deseos más profundos en su relación.

¿CUÁL ES SU ESTILO DE COMPROMISO EN SU MATRIMONIO?

¿*C*uánta intimidad y cercanía desean para su matrimonio? ¿Desean compartir la vida profundamente el uno con el otro? La mayoría de las parejas dirían que sí. Ser amados, sentir que somos confiables, y valorados, aun cuando el otro conozca nuestras debilidades, nos da un sentido de identidad y autoestima.

¿Dónde están en su matrimonio hoy? Tal vez no estén en el nivel de intimidad que deseen. El primer paso para acercarse es identificar dónde se encuentran ahora. También necesitamos comprender que cada matrimonio es único. No hay respuestas correctas o incorrectas para decidir cuánta intimidad y cercanía es ideal para cada pareja. Eso depende de ustedes y de su intención de querer tener un matrimonio con propósito. Para ubicar dónde se encuentran, consideren el siguiente esquema.[2]

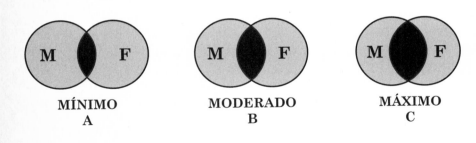

MÍNIMO   MODERADO   MÁXIMO
A   B   C

GRADOS DE COMPROMISO EN EL MATRIMONIO

*L*as tres ilustraciones representan tres grados de participación y compromiso en un matrimonio. Cuando hablamos de cómo nuestros círculos se superponen, nos referimos tanto al compromiso emocional como al tiempo que comparten juntos. Consideremos cada uno de estos:

Compromiso mínimo (A)

En un matrimonio con un compromiso mínimo, las vidas del esposo y la esposa se superponen muy poco. Tienen intereses y pasatiempos separados y generalmente son muy independientes el uno del otro.

«Continúo olvidándome de que mi esposo está fuera de la ciudad», dijo una conocida nuestra que tiene un matrimonio con un compromiso mínimo. Nosotros dudamos de la estabilidad de su matrimonio, preguntándonos por qué no experimentan más tensión, pues pasan muy poco tiempo juntos. Para nosotros esa distancia sería incómoda, pero para ellos funcionaba.

Compromiso máximo (c)

Nosotros hemos escogido un matrimonio con un máximo de compromiso; nuestras vidas están profundamente unidas. Hacemos seminarios juntos, escribimos juntos, la mayoría de nuestros amigos y pasatiempos son los mismos. Tomamos la mayoría de las decisiones juntos y compartimos nuestros pensamientos y sueños más profundos. ¡Hasta tenemos escritorios que están frente a frente!

Nuestros círculos se superponen en su mayoría, aunque aún mantenemos intereses y actividades que no incluyen al otro. De hecho, nosotros debemos trabajar, para tener un poco de separación en nuestra relación de pareja. Es fácil para nosotros estar demasiado juntos. Claro que ustedes también pueden mantener una relación de compromiso máximo sin necesidad de trabajar juntos. Quizás se llamen por teléfono cinco o seis veces al día para ver cómo están o consultarse sobre una decisión, o quizás sus intereses y amigos sean prácticamente los mismos (esto también califica).

Compromiso moderado (b)

La mayoría de las parejas tienden a caer en el rango del compromiso moderado. Mike y Dianne se esfuerzan en mantener sus círculos superpuestos a un nivel moderado. Ellos son amigos y amantes, pero también tratan de manejar sus carreras separadas.

Mike es un joven y talentoso artista gráfico y definitivamente está en un camino ascendente. Cuando se presentó la oportunidad de establecer su propio negocio, él y Dianne pasaron muchos días y horas hablando acerca de las implicaciones para su matrimonio y su familia. (Tienen dos niños pequeños.) Al final decidieron hacerlo.

Las horas de trabajo de Mike son largas y se pasa la mayoría de los fines de semana terminando proyectos urgentes. El trabajo de Dianne no es tan pesado, y ninguno de los dos trabajos requiere que ellos viajen. Aun así, es un gran desafío hacer que sus círculos se superpongan.

143

En lugar de quejarse, buscan maneras de trabajar juntos para llevar a cabo los proyectos del hogar. Por ejemplo, juntos pintaron el exterior de su casa, pusieron una cerca en el jardín para que sus hijos pudieran jugar sin peligro y diseñaron un jardín rocoso.

Para Mike y Dianne representa un esfuerzo enorme mantenerse en la zona de compromiso moderado. El nivel máximo es poco realista para ellos, y el nivel mínimo está por debajo de las expectativas que tienen para su matrimonio.

¿CUAN COMPROMETIDOS ESTÁN USTEDES?

*L*os tres estilos de matrimonio funcionan. Y entre estos tres estilos hay una gran gama de grados y tonos variados de compromiso. ¿Dónde colocarían ustedes a su matrimonio? ¿Después de haber leído estos capítulos del libro se encuentran más cerca el uno del otro? ¿Sus círculos se superponen más o menos que antes? ¿Están de acuerdo en cuanto a su nivel propio de compromiso mutuo en su matrimonio?

Piensen en las expectativas que tenían cuando dijeron: «Sí, acepto». Si la actividad juntos tenía una alta prioridad en su lista, ¿reflejan hoy sus actividades ese compromiso? Si tener un amigo con el cual compartir todas las alegrías y tristezas de la vida ocupaba un lugar prioritario ¿refleja su relación hoy ese tipo de amistad? Si su respuesta es no, no se den por vencidos. Muchas parejas se han dado cuenta de lo diferente que es su matrimonio a lo que realmente deseaban y han podido hacer un ajuste a mitad del camino al responder a la siguiente pregunta: «¿En dónde desearía que la relación de su matrimonio estuviera, en el círculo del compromiso A, B o C?»

¿CUAN COMPROMETIDOS DESEAN ESTAR?

*E*l próximo paso es discutir juntos el nivel de participación que ambos desean. El compromiso será parte del proceso. Revisen los capítulos dos y tres, especialmente la lista de las palabras para expresar los sentimientos en el capítulo dos. Traten de usar el modelo de comunicación de compañerismo y luego expresen cómo se sienten sin atacar a la otra persona o defenderse a ustedes mismos. Quizás quieran hablar de las cosas que desean hacer juntos y de las que prefieren hacer por separado.

El desafío es encontrar lo que funcione para ustedes. Phil, un joven doctor, nos dijo: «Cuando llego a casa, cenamos de inmediato, (y esto es usualmente tarde para el resto de mi familia). Luego, cuando llega la hora de acostar a los niños y llevarles el décimo vaso de agua, no me queda energía para dedicarle tiempo a nuestro matrimonio. Cuando Rita y yo tratamos de leer un libro sobre el matrimonio (o cualquier otro) me quedo dormido y esto la desanima. Ni pensar en un ejercicio escrito o en una discusión. Simplemente no funciona para nosotros en esta etapa de nuestras vidas. Cuando tratamos de trabajar en nuestro matrimonio, ambos nos desilusionamos y nos damos por vencidos. ¿Por dónde empezamos?»

Nuestra respuesta fue la de empezar con el manejo del tiempo con el que ellos contaban para los dos. La pregunta más importante es: «¿Qué están haciendo con el tiempo que tienen?» Phil y Rita no tenían mucho, pero encontraron algo de tiempo. Ellos ahora se levantan quince minutos más temprano y comienzan su día con una taza de té y un momento tranquilo juntos. Comparten sus pensamientos y sentimientos más profundos y empiezan el día en contacto el uno con el otro.

Otra pareja de médicos nos preguntaron: «¿Cómo encuentran tiempo para hacer eso todos los días?» Sonreímos y respondimos con convicción: «Oh, Dios mío, no pensamos en esto cómo si se trata de «encontrar el tiempo». Tenemos que darnos tiempo. Cuando lo hacemos, sabemos que estamos enfocados».

¿Están ustedes enfocados juntos? ¿Cuál es su enfoque? ¿Cuáles son sus expectativas? ¿Son estas realistas? Lo que es realista en los primeros años de matrimonio antes de la llegada de los niños y luego cuando ellos dejan el nido puede no ser necesariamente realista mientras están viviendo en las trincheras de la vida familiar con niños pequeños o adolescentes.

Mientras conducíamos un seminario de Matrimonio Lleno de Vida, nos alojamos en un pequeño y encantador hotel en las montañas de Carolina del Norte. Los dueños del lugar, una pareja de Atlanta, habían abandonado el mundo corporativo de los autos deportivos y la vida fácil. Su visión de trabajar juntos, además de la paz y la serenidad que ofrecen las montañas de Carolina del Norte, los atrajo a comprar este particular sitio.

¡Sin embargo, ¡nunca los vimos juntos! La esposa confesó: «Nuestros círculos no se superponen en absoluto. Básicamente trabajamos por turnos. De hecho, nuestros círculos siguen separándose cada vez más. Solemos esquivar los problemas, y prácticamente nunca nos vemos».

Era hora de reenfocarse. Sus expectativas no habían sido satisfechas, en parte por no haber sido expectativas realistas. Nuestro consejo fue que probaran con un tiempo de quince minutos al día para ponerse en contacto y reenfocarse. Obviamente ellos necesitaban más de quince minutos, pero por lo menos era un punto de partida.

Después de entender sus expectativas e identificar el estilo actual de compromiso de su matrimonio, el próximo paso es establecer las metas realistas para su relación matrimonial.

ESTABLECER METAS REALISTAS EN EL MATRIMONIO

*C*uando mencionamos establecer metas, ¿los escuchamos suspirar? ¿Recuerdan a Ralph y a Norma? Ralph no hubiera alcanzado la posición que alcanzó en su corporación sin planificación. ¡Los negocios dependen de establecer metas, y los matrimonios necesitan más de estas metas desesperadamente! Sin embargo, pocos se toman el tiempo con el fin de precisar objetivos específicos para sus matrimonios, y menos aún establecen un plan de acción para lograrlos. Básicamente, una meta matrimonial es el objetivo por el cual ustedes acceden a trabajar. Aquí están las metas que Ralph y Norma escogieron:

1. Mejorar nuestra comunicación de pareja.
2. Ser más creativos en nuestra relación sexual.
3. Ser más unidos y responsables en nuestras finanzas, especialmente ahorrando para nuestra jubilación.
4. Escoger un proyecto común para hacerlo juntos, escoger algo para aprender juntos, o llevar a cabo un servicio para alguien más.

ESCOJAN SU PRIORIDAD

Obviamente Ralph y Norma no pueden trabajar en todas estas metas al mismo tiempo.

El próximo paso para ellos fue escoger una meta para las próximas semanas. Los animamos a que empezaran en un área en la cual pudieran ver algo de progreso rápidamente. Y así, al verse animados por su éxito, podrían progresar hacia otras áreas de mayor dificultad.

MANOS A LA OBRA

La siguiente pregunta fue cómo empezar. Tres palabras simples los guiaron mientras desarrollaban un plan de acción. ¿Qué? ¿Cómo? y ¿Cuándo?

¿QUÉ? ¿Qué meta matrimonial han escogido? Ralph y Norma eligieron trabajar en su comunicación de pareja.

¿CÓMO? Lógicamente, lo que se preguntaron entonces fue: «¿Cómo vamos a conseguir esta meta?» La respuesta a esta pregunta necesitaba ser alcanzable y medible para que ellos supieran cuando lo habían logrado. ¿Cómo podrían Ralph y Norma establecer una comunicación entre ellos? ¿Qué actividades les ayudaría a alcanzar su meta?

Esto es lo que escribieron:

1. Cada uno leeremos un libro sobre la comunicación y lo discutiremos.
2. Planearemos un fin de semana fuera en los próximos dos meses.
3. Practicaremos identificar nuestros modelos de comunicación y trataremos de usar la comunicación de compañerismo. ¡No nos atacaremos ni nos defenderemos!

¿CUÁNDO? Si Ralph y Norma no contestaban esta pregunta, probablemente no lograrían su meta. Este fue el momento de sacar sus calendarios y agendas y escribir con tinta el horario para cumplir con las actividades que habían enumerado.

Cuando ustedes sigan este proceso, si por ejemplo van a reservar los martes por la noche, escriban entonces en su calendario la hora para cada martes por la noche. ¿Cuándo van a pasar un fin de semana fuera de su casa? Marquen en lápiz varias posibilidades y empiecen a planificar su horario. ¿Qué libro sobre comunicación van a leer? Separen un tiempo para la lectura. Después, así como Ralph y Norma, dedíquense a cumplir su plan.

Tal vez como para Ralph y Norma, una de sus metas sea volverse más creativos en su vida sexual. Una vez más, necesitan contestar las tres preguntas: ¿Qué? ¿Cómo? y ¿Cuándo?

¿QUÉ? La meta escogida es: «Ser más creativos en su relación sexual». ¿Qué pueden hacer para profundizar esta parte del matrimonio que se pueda medir, alcanzar, y que sea compatible con sus otras metas matrimoniales?

¿CÓMO? Sus planes a corto plazo pueden ser los siguientes:

1. Lean *52 maneras de tener sexo divertido y fantástico,* escrito por Cliford y Joyce Penner[3] y *Puro placer,* escrito por Bill y Pam Farrell y Jim y Sally Conway.[4] Reserven dos horas semanales para estar a solas durante las próximas cuatro semanas
2. Planifiquen un fin de semana fuera sin sus hijos en las próximas seis semanas.
3. Hagan una lista de cosas creativas que les gustaría hacer. (Dense un masaje mutuamente en la espalda con aceite aromático, tomen un baño de burbujas para dos, escuchen música romántica y enciendan velas).

¿CUÁNDO? A continuación, hagan su horario y dedíquenle el tiempo necesario.

1. Leeremos juntos los lunes y jueves antes de dormir.
2. Arreglaremos nuestros horarios para estar libres por dos horas para almorzar los viernes.
3. Planearemos un viaje para salir el primer fin de semana del próximo mes.
4. El sábado haremos juntos una lista de ideas creativas y románticas y las pondremos dentro de una jarra para sacarlas en el momento apropiado.

MONITOREEN SU PROGRESO

¿Y qué tal los imprevistos? Pueden estar seguros de que aparecerán, así que es importante monitorear su progreso y estar dispuestos a ser flexibles cuando las cosas no salen como lo habían planificado. Algunas semanas no tendrán su tiempo íntimo. Los niños se enferman, es necesario entregar a tiempo un proyecto inesperado, tendrán visitas de sorpresa o cosas de último momento. Pero aunque no puedan cumplir con todas las actividades, estarán más cerca de alcanzar la meta que si no hubieran planificado nada. Así que sean realistas, pero también perseverantes.

Eso es lo que hicieron Ralph y Norma. Durante la última sesión del seminario, Ralph y Norma decidieron que además de trabajar en su comunicación, también se dedicarían a cumplir con las diez citas de este libro. Su meta era tener una cita cada semana.

La primera semana, Ralph tuvo que hacer un viaje de negocios inesperado. Él y Norma llegaron a un acuerdo y tuvieron una cita por teléfono. Para agregarle un poco de creatividad y sabor se mandaron notas de amor por correo electrónico. La segunda semana, aparecieron visitas inesperadas. Una vez más no pudieron satisfacer sus expectativas. En la tercera semana se presentó otro viaje de negocios. Esta vez Norma no tenía nada en la agenda, así que acompañó a Ralph y se llevaron la cita de Matrimonio Lleno de Vida con ellos. Tuvieron su cita en el avión. Fue tan divertido que decidieron que, cuando viajaran y tuvieran que volar, tendrían una cita en el avión.

Si su vida es agitada así como la de Ralph y Norma, sigan su ejemplo. Sean creativos y flexibles. Ya sea que tengan su cita en un avión, un tren, en la sala de espera del médico, o en una cafetería, pasen tiempo juntos.

Su cita final les espera. Pasen a la Décima Cita
y prepárense para desarrollar un gran plan
para continuar su matrimonio con propósito.

NOTAS

1. Marin Susan Millar, «What are your expectations from marriage?» Family Live Today, October, 1980, p. 76.
2. David y Vera Mace, *We can have better marriages if we really want them,* Abingdon, Nashville, 1974, p. 76.
3. Clifford y Joyce Pennet, *52 Ways to Have Fun, Fantastic Sex,* Thomás Nelson, Nashville, 1994.
4. Bill y Pam Farrel; Jim y Sally Conway, *Pure pleasure,* InterVarsity, Downers Grove, 1994.

POSDATA

*¡F*elicitaciones! Al completar sus 10 Citas Extraordinarias han obtenido el título de Graduados del Matrimonio Lleno de Vida. Esperamos que las citas les hayan infundido una comprensión y un amor más profundos hacia su pareja, que las salidas les hayan ayudado a hacer de su matrimonio una prioridad más alta. Confiamos en que ahora puedan comunicarse a un nivel más personal y que el enojo y el conflicto sean nuevos amigos, vigorizando su matrimonio y ayudándoles a sobrellevarlo de una manera más positiva. Se han vuelto mejores amigos y tienen una valoración más profunda de su relación matrimonial. Han tenido la oportunidad de brindarle a su relación intimidad y diversión. Pero el desafío de tener un matrimonio con propósito continúa. Así que de aquí en adelante, ¿a dónde van? Empiecen por evaluar sus diez citas.

¿CUÁN GRANDIOSAS FUERON SUS 10 CITAS EXTRAORDINARIAS?

*E*l siguiente examen de autodiagnóstico revelará el progreso que ustedes han tenido. Para obtener el puntaje, dense diez puntos por cada respuesta positiva.

_____1.   He disfrutado las citas con mi pareja. Es un hábito que quiero continuar.

_____2.   Paso más tiempo en el modelo de comunicación de compañerismo. Me es más fácil compartir mis sentimientos con mi pareja.

_____3.   Mi pareja y yo firmamos el contrato de no atacarnos el uno al otro o defendernos y lo estamos llevando a cabo (la mayoría del tiempo).

_____4.   Le hice a mi pareja un cumplido en las últimas venticuatro horas.

____5. Estoy satisfecho con nuestro actual estilo de compromiso matrimonial.

____6. He adquirido nuevos conocimientos acerca de mi pareja que no tenía o entendía anteriormente.

____7. Mi pareja y yo hemos hecho planes concretos para tener una escapada romántica.

____8. He sacado la basura (limpiado los baños, o lo que sea que no le guste hacer) en los últimos siete días.

____9. Estoy dispuesto/a a dejar de hacer algo que quiero para hacer algo que quiera mi pareja.

____10. ¡Tengo una nueva motivación y entusiasmo en cuanto a mi matrimonio y no puedo esperar hasta nuestra próxima cita!

Sumen el puntaje de todas sus respuestas y ubíquense según la siguiente escala:

100   ¡Fantástico! ¡Tienen un diez! Califican como guías de 10 Citas Extraordinarias de Matrimonio Lleno de Vida. Encuentren otra pareja (¡o dos o tres!) para guiarla personalmente a través de sus propias diez citas.

80 – 90   ¡Grandioso! Están en el proceso de construir un matrimonio vivo y enriquecido, mantengan su buen trabajo y continúen en su plan.

60 – 70   No están mal. No se den por vencidos. Reconozcan sus éxitos y elijan otra área en la cual trabajar.

50 o menos   Regresen a la página número uno. La repetición es un gran maestro.

Cualquiera sea su puntaje, al completar estas diez citas increíbles ustedes han mostrado que tienen lo que se requiere para tener un matrimonio creciente y lleno de vida. Ahora viene la responsabilidad de ser constantes en las cosas que han aprendido y trasmitírselas a otras parejas.

¡SU MATRIMONIO PUEDE SER UN FARO DE LUZ!

*M*uchos matrimonios hoy en día están funcionando por debajo de su verdadero potencial. Pero ustedes pueden hacer algo para remediar esto, su matrimonio puede iluminar el camino para otros. Necesitamos un extenso movimiento de parejas que escojan poner como primera prioridad a su matrimonio, que tengan citas con su pareja, y que animen a otras parejas a hacer lo mismo. A través de los años, parejas como nuestros queridos amigos y mentores, David y Vera Mace, han sido un modelo de cómo tener un matrimonio positivo y en crecimiento. Ellos, con gusto, se involucraron en nuestras vidas, amando, animando y apoyando nuestro deseo de tener un matrimonio con vida. Y con la sólida base que los Mace y otras parejas crearon mientras desarrollaban el movimiento de enriquecimiento de los matrimonios, nosotros ahora somos capaces de ayudar a otras parejas a experimentar lo que se nos ha transmitido.

Uno de los grandes beneficios de nuestro trabajo en el enriquecimiento matrimonial a través de los años es que nos ha motivado a continuar trabajando para tener nuestro propio matrimonio con propósito. Como probablemente se hayan dado cuenta por las páginas de este libro, nuestro matrimonio está aún en proceso. Mientras compilamos muchos ejercicios para este libro y dirigimos seminarios de Matrimonio Lleno de Vida, continuamos trabajando en nuestra propia relación matrimonial. Por favor, no consideren sus diez citas extraordinarias como una experiencia de una sola vez. Conocemos parejas que repiten estas 10 Citas Extraordinarias cada año para evaluar su matrimonio.

Mientras continuamos trabajando en nuestro propio matrimonio, podemos alentar a otros a hacer lo mismo. ¿No desearían unirse a nosotros? Su matrimonio puede ser un gran faro de luz. ¿Están dispuestos a tomar la antorcha y transmitir a otros el mensaje de cómo lograr tener un matrimonio enriquecido y saludable? Empiecen entonces su propio grupo de citas.

EMPIECEN SU PROPIO CLUB DE CITAS DE MATRIMONIO LLENO DE VIDA

*S*i empiezan un fuego con un solo leño, las llamas posiblemente se apagarán, pero varios leños juntos producirán unas llamas brillantes. Para mantener el fuego de su matrimonio brillando intensamente, consideren crear su propio Club de Citas de Matrimonio Lleno de Vida.

Pueden organizar un grupo de parejas que salgan por la noche o simplemente invitar a algunas parejas para salir. Comprométanse el uno con el otro a ser esos valientes que continúen construyendo una auténtica y enriquecida vida matrimonial.

Pueden usar este libro como su guía. Un formato que ha funcionado muy bien para muchos grupos es reunirse mensualmente. Programen una cita cada mes y comprométanse a tener la cita correspondiente entre cada reunión. Realmente ayuda tener amigos que nos apoyen y nos inviten a crecer en nuestro matrimonio.

¡CELEBREN SU MATRIMONIO!

L a diversión y la celebración son como vitaminas para el alma. Y son muy buenas para la salud de su matrimonio. Un matrimonio enriquecido y amante de la diversión pueden hacer la diferencia en su calidad de vida. ¡Así que mientras continúen con sus citas, dediquen un tiempo para celebrar que su matrimonio está verdaderamente vivo!

SOBRE LOS AUTORES

*C*laudia y David Arp, un equipo de marido y mujer, son los fundadores y directores de Matrimonio Lleno de Vida, un ministerio innovador dedicado a proveer los recursos y el entrenamiento para capacitar a las congregaciones con el fin de ayudar a construir mejores matrimonios y familias. Su seminario Matrimonio Lleno de Vida es conocido a través de todos los Estados Unidos y Europa.

David recibió su maestría de Ciencias en Trabajo Social de la Universidad de Tennessee, y Claudia tiene un Bachillerato en Ciencias de la Educación (Economía Doméstica) de la Universidad de Georgia. Los mentores de los Arp, los Drs. David y Vera Mace, fueron pioneros en educación matrimonial. David y Claudia Arp escribieron un artículo para las Naciones Unidas por el año internacional de la familia y estuvieron varios trabajando para esta organización en Viena, Austria, investigando cómo se trasmiten las tradiciones familiares a través de las distintas generaciones.

Los Arps son conferencistas muy conocidos, columnistas y autores de numerosos libros y materiales de video, incluyendo *Suddenly they're 13, Loving your relatives even when you don´t see eye-to eye, Answering the 8 cries of the spirited child*, y el ganador del premio Medallón de Oro, *The second half of marriage*. Además aportan frecuentemente para la prensa escrita, la radio y la televisión. También han aparecido como expertos en temas de pareja con el nido vacío (cuyos hijos ya se han marchado del hogar) en los programas *El Show de Hoy* de NBC, *Esta Mañana* de CBS y en *Enfoque a la Familia*. Su trabajo ha salido en publicaciones como *USA Today, The Christian Science Monitor, Reader´s Digest*, y la revista *Enfoque a la familia*.

David y Claudia han permanecido casados por cuarenta años, y tienen tres hijos ya casados y ocho nietos. Viven en Knoxville, Tennesse.

Para obtener más información acerca de los recursos o de los seminarios de Matrimonio Lleno de Vida con los Arp, o de otras conferencias de entrenamiento, llame al 888-690-6667 (dentro de los Estados Unidos) o visite su página en la Internet, www.marriagealive.com.

ACERCA DE LA CORPORACIÓN INTERNACIONAL MATRIMONIO LLENO DE VIDA

La corporación Matrimonio Lleno de Vida, fundada por el equipo de esposos que integran Claudia y David Arp, MSW, es un ministerio de enriquecimiento matrimonial y familiar sin fines de lucro dedicado a proveer recursos, seminarios y entrenamiento con el objeto de capacitar las a congregaciones para ayudar a construir mejores matrimonios y familias.

Matrimonio Lleno de Vida también trabaja con organizaciones en la comunidad, el ejército de los Estados Unidos, escuelas y empresas.

Los Arp son educadores de matrimonios y familias y han estado ayudando a muchos matrimonios y familias en Los Estados Unidos y Europa por más de veinticinco años. Sus seminarios de Matrimonio Lleno de Vida son conocido alrededor de los Estados Unidos y Europa.

La misión de Matrimonio Lleno de Vida es identificar, entrenar y capacitar a líderes que invierten en otros, tratando de edificar matrimonios y familias fuertes, a través de la integración de la verdad bíblica, la investigación actualizada, la aplicación práctica y también la diversión.

Los recursos y servicios de Matrimonio Lleno de Vida incluyen:

- Libros sobre el matrimonio y la familia en siete idiomas.
- Programas educacionales en video incluyendo *10 Citas extraordinarias para vigorizar tu matrimonio* y *The second half of marriage.*
- Seminarios matrimoniales, prematrimoniales y de ayuda a padres en la crianza de sus hijos, que incluyen: *Matrimonio lleno de vida, The second half of marriage, Empty nesting, Before you say I do* y *Suddenly they are 13.*
- Entrenamiento, mentoreo, consultoría, y formación y desarrollo del liderazgo.

Comuníquense con Matrimonio Lleno de Vida a www.marriagealive.com o a través del (888) 690-6667 (en los Estados Unidos).

Inscríbanse para recibir su boletín de noticias gratuito, Marriage Builder, vía correo electrónico en www.marriagealive.com.

Segunda Parte

LA GUÍA DE MATRIMONIO LLENO DE VIDA

BIENVENIDOS A LAS 10 CITAS EXTRAORDINARIAS DE MATRIMONIO LLENO DE VIDA

Bienvenidos a sus propias 10 Citas Extraordinarias de Matrimonio Lleno de Vida. Nos alegra que vayan a dedicar el tiempo necesario para crecer juntos al salir con su pareja. Esperamos que se relajen y disfruten mientras se enfocan en trabajar en su relación de pareja. Tendrán la oportunidad de observar su matrimonio con mayor claridad, conocer mejor a su pareja y a ustedes mismos, reír, prestarse atención, y afirmarse el uno al otro.

Las citas se han elaborado con miras a ayudarles a concentrarse en habilidades matrimoniales específicas. Nosotros nos hemos encargado de todos los detalles de manera que ustedes puedan enfocarse el uno en el otro. Encontrarán sugerencias acerca de cómo prepararse antes de cada cita, incluyendo ideas de a dónde ir, cómo abordar cada tema y cómo beneficiarse de los ejercicios.

Aunque es deseable que cada cónyuge lea el capítulo correspondiente y llene los espacios con sus respuestas antes de la cita, sabemos que a veces esto no sucederá, por lo tanto hemos incluido en cada cita un breve resumen de cada capítulo.

Estas citas están basadas en más de dos décadas de experiencia propia y en los aportes de otras parejas que participaron en nuestros seminarios de Matrimonio Lleno de Vida y han realizado sus propias citas. Pueden confiar en que cada cita será una guía honesta que enriquecerá su relación de pareja. ¡Así que dejen a un lado la rutina y las preocupaciones y prepárense para dar un gran salto de crecimiento en su matrimonio!

Confiamos en que su inversión de tiempo les reportará fabulosos dividendos mientras crecen juntos en su relación.

Bendiciones,
David y Claudia

SU CALENDARIO DE CITAS DE MATRIMONIO LLENO DE VIDA

Anoten la fecha para cada cita.

Primera Cita: Escoger un matrimonio con alta prioridad,
   ha sido fijada para: _____

Segunda Cita: Aprender a hablarse,
   ha sido fijada para: _____

Tercera Cita: Resolver honestamente los conflictos,
   ha sido fijada para:_____

Cuarta Cita: Convertirse en un motivador,
   ha sido fijada para:_____

Quita Cita: Encontrar unidad en la diversidad
   ha sido fijada para:_____

Sexta Cita: Construir una vida amorosa creativa
   ha sido fijada para:_____

Séptima Cita: Compartir responsabilidades y trabajar juntos
   ha sido fijada para:_____

Octava Cita: Balancear sus roles como esposos y padres
   ha sido fijada para: _____

Novena Cita: Desarrollar una intimidad espiritual
   ha sido fijada para:_____

Décima Cita: Lograr un matrimonio con propósito
   ha sido fijada para:_____

REGLAS BÁSICAS PARA SUS CITAS

Por favor, léanlas antes de empezar sus citas.

Para lograr el mejor provecho de sus citas hemos elaborado las siguientes sugerencias:

- *Lean el capítulo correspondiente o el resumen del capítulo.* Si no han terminado de llenar los espacios de los ejercicios, háganlo antes de comenzar a conversar sobre el tema.
- *¡Manténganse positivos!* Todos tenemos cosas que quisiéramos reclamarle a nuestra pareja, pero este NO es el momento de decirle a su pareja los errores que ha cometido en los últimos diez años.
- *Enfóquense en el futuro.* Manténganse enfocados en cómo quisieran que fuera su relación en el futuro. No se detengan en los errores del pasado (Sin embargo, si está permitido recordar los éxitos del pasado).
- *Hablen de su relación.* No hablen de los niños, del trabajo, de los suegros o de cualquier otra cosa que no sea su relación.
- *Dense un pequeño detalle de amor.* Algunas salidas les resultarán más interesantes que otras, en aquellas menos emocionantes, regálense un pequeño detalle de amor. ¡Háganlo con entusiasmo!
- *No hay que forzar.* Si tienen dificultades en alguna cita en particular, o se embarcan en aspectos negativos, dejen de tratar ese tema y hablen de algo agradable para ambos, hagan algo agradable como ir a los bolos, al tenis, salir a caminar o comer su torta favorita.
- *Usen buenas técnicas de comunicación.* Prepárense para algunas sorpresas y para conocer nuevos aspectos de su pareja. Esto puede crear nuevas oportunidades para crecer y fomentar la intimidad conyugal. A continuación hay algunas sugerencias para compartir sus respuestas:

    1. Sean sinceros pero nunca insensibles.
    2. Recuerden empezar sus oraciones con «yo» para que lo comunicado refleje a quien habla.

3. Resistan la tentación de atacar a su pareja o defenderse a ustedes mismos.
4. Cuando les sea posible, usen la fórmula para expresar sentimientos.
5. Sean específicos y positivos.

❧ *¡Diviértanse!* Recuerden por qué están saliendo con su pareja. Se trata de enriquecer y darle nueva vida a su matrimonio. ¡Es imprescindible que se diviertan durante el proceso!

❧ *Después de cada salida, tomen en serio las aplicaciones para cada cita.* Recuerden que están desarrollando hábitos saludables que enriquecerán su matrimonio mucho después de haber completado sus 10 Citas Extraordinarias de Matrimonio Lleno de Vida.

Primera Cita

ESCOGER UN MATRIMONIO CON ALTA PRIORIDAD

PREPARACIÓN ANTES DE LA CITA

- ⇨ Lean el Capítulo 1: «Escoger un matrimonio con alta prioridad». Contesten las preguntas correspondientes a la primera cita. La preparación previa a la salida les dará tiempo para reflexionar, además, si uno de ustedes dos suele hablar más que el otro, el hecho de responder por escrito les dará tiempo para formular mejor sus pensamientos.
- ⇨ Hagan una reservación en su restaurante favorito. (El encargado de hacer la reservación podría mantenerlo en secreto.)
- ⇨ Si viene al caso, hagan arreglos para que alguien cuide a los niños. Paguenle a una niñera si es necesario, o hasta podrían hacer los arreglos para contratarla por las siguientes diez semanas.
- ⇨ Piensen en cómo van a vestirse, elijan algo que sea del agrado de su pareja. Recuerden, se trata de una salida romántica.

CONSEJOS PARA LA NOCHE DE LA CITA

- ⇨ Hagan planes para salir y estar juntos toda la noche. (Ni se les ocurra volver a casa para ver su programa favorito de televisión, si hay algo que realmente no se puedan perder, grábenlo para verlo otra noche.)
- ⇨ Durante una cena tranquila, saquen el baúl de los recuerdos. Pueden usar el Ejercicio del Baúl de los Recuerdos (primera parte). Hablen de su propia historia para refrescarse la memoria.
- ⇨ La segunda parte del ejercicio les ayudará a enfocarse en el presente y en las cosas positivas que tiene su matrimonio en este momento de sus vidas.

- Dediquen suficiente tiempo para cada pregunta y tomen turnos para compartir con su pareja sus respuestas.
- Antes de comenzar, revisen las sugerencias para la buena comunicación que se encuentran en las Reglas Básicas para sus Citas en la página 165.

RESUMEN DEL CAPÍTULO

*D*e nuestro propio tiempo de crisis al inicio de la década del setenta, escogimos tres metas que nos ayudaron a hacer de nuestro matrimonio una prioridad. Revisando estas metas cada cierto tiempo, hemos ido construyendo un matrimonio con alta prioridad, y ustedes también lo pueden hacer. La primera meta es mirar y evaluar dónde se encuentra su matrimonio en este momento. La segunda meta radica en fijarse objetivos para el futuro de su relación. La tercera meta consiste en aprender nuevas técnicas para relacionarse entre sí que ayuden a hacer crecer a su matrimonio. En esta cita tendrán la oportunidad de revisar su pasado y observar cómo se encuentra su matrimonio ahora. Les sugerimos también que revisen los tres principios para construir un matrimonio exitoso y de alta prioridad: Coloquen a su matrimonio en primer lugar, comprométanse a crecer juntos, y trabajen en permanecer unidos. ¡Ustedes pueden tener un matrimonio con alta prioridad!

EJERCICIO DE LA PRIMERA CITA

PARTE 1 — BUSQUEN EN EL BAÚL DE LOS RECUERDOS

La primera vez que vi a mi pareja _____
_____
_____

Nuestra primera salida juntos _____
_____
_____

Nuestro primer beso _____
_____
_____

Nuestras salidas favoritas _____
_____
_____

La primera vez que hablamos de casarnos _____
_____
_____

El día de nuestra boda _____
_____
_____

Nuestra primera casa _____
_____
_____

Nuestro primer aniversario _____
_____
_____

Momentos más románticos _____

_____

_____

Recuerdos más felices _____

_____

_____

PARTE 2 — LO MEJOR DE NUESTRA RELACIÓN

1. ¿Cuáles son las mejores tres cosas de nuestra relación?

    1. _____

    2. _____

    3. _____

2. ¿Cuáles aspectos de nuestra relación están bien, pero podrían mejorar?

    1. _____

    2. _____

3. ¿Qué cosa específica podría hacer personalmente para mejorar nuestra relación?

    1. _____

APLICACIONES DESPUÉS DE LA CITA

- ☞ Busquen maneras de reafirmarse el uno al otro desde ahora hasta la próxima salida.
- ☞ Háganse por lo menos un cumplido sincero cada día.
- ☞ Hagan algo para mejorar su matrimonio.

EJERCICIO DE LA PRIMERA CITA

PARTE 1 — BUSQUEN EN EL BAÚL DE LOS RECUERDOS

La primera vez que vi a mi pareja _____
_____
_____

Nuestra primera salida juntos _____
_____
_____

Nuestro primer beso _____
_____
_____

Nuestras salidas favoritas _____
_____
_____

La primera vez que hablamos de casarnos _____
_____
_____

El día de nuestra boda _____
_____
_____

Nuestra primera casa _____
_____
_____

Nuestro primer aniversario _____
_____
_____

Momentos más románticos _____
_____
_____

Recuerdos más felices _____
_____
_____

PARTE 2 — LO MEJOR DE NUESTRA RELACIÓN

1. ¿Cuáles son las mejores tres cosas de nuestra relación?

    1. _____
    2. _____
    3. _____

2. ¿Cuáles aspectos de nuestra relación están bien, pero podrían mejorar?

    1. _____
    2. _____

3. ¿Qué cosa específica podría hacer personalmente para mejorar nuestra relación?

    1. _____

APLICACIONES DESPUÉS DE LA CITA

- Busquen maneras de reafirmarse el uno al otro desde ahora hasta la próxima salida.
- Háganse por lo menos un cumplido sincero cada día.
- Hagan algo para mejorar su matrimonio.

Segunda Cita

APRENDER A HABLARSE

PREPARACIÓN ANTES DE LA CITA

- ⟜⟝ Lean el Capítulo 2: «Aprender a Hablarse». Reflexionen sobre las preguntas del ejercicio para la segunda salida.
- ⟜⟝ Escojan un lugar que les permita conversar sin muchas distracciones, tal vez un parque donde puedan comer al aire libre o un restaurante donde puedan tomar un café.

CONSEJOS PARA LA NOCHE DE LA CITA

- ⟜⟝ Hablen sobre las preguntas del ejercicio, punto por punto. Tomen turnos para hablar, tal como lo hicieron durante su primera salida.
- ⟜⟝ Prepárense para algunas sorpresas y para conocer nuevos aspectos de su pareja. Esta nueva información puede ayudarles a profundizar su relación.
- ⟜⟝ Revisen las sugerencias sobre la comunicación que aparecen en la página 165 en la Reglas Básicas para sus Citas.
- ⟜⟝ IMPORTANTE: Mantengan una actitud positiva. Si surgen temas polémicos en sus conversaciones, anótenlos y háganlos a un lado para poder hablar de ellos más tarde, ¡no en este momento!

RESUMEN DEL CAPÍTULO

¿*C*ómo va su comunicación matrimonial? ¿Dicen lo que en verdad quieren decir y realmente creen lo que dicen? Las palabras pueden ayudar a fomentar una relación íntima o tienen la posibilidad de destruir los mismos cimientos del matrimonio. Esa decisión la toman ustedes. Comprender los tres modos de comunicación les ayudará a tomar una decisión sabia. ¿Son ustedes capaces de compartir sus sentimientos más profundos sin atacar al cónyuge y sin defender sus propias posturas? La fórmula sencilla para compartir los sentimientos les ayudará a comunicarse a un nivel más personal. Gran parte de la comunicación está compuesta por lo no verbal (55%) y el tono de voz (38%), lo que deja muy poco para las palabras (7%). Sin embargo, las palabras son muy importantes. La segunda salida les ayudará a comunicarse a un nivel más profundo. *Sí*, pueden adquirir la costumbre de comunicarse como verdaderos compañeros.

Requiere determinación, esfuerzo y valentía, pero sí es posible crear un sistema de comunicación que funcione.

EJERCICIO PARA LA SEGUNDA CITA

COMPARTAMOS NUESTROS VERDADEROS SENTIMIENTOS

1. ¿Cuáles son nuestros temas favoritos de conversación? (cosas sobre las cuales estamos normalmente de acuerdo y que promueven un buen intercambio).

2. ¿Cuáles son nuestros temas menos favoritos? (cosas sobre las cuales solemos discutir).

3. Hagan una lista de palabras que expresen sentimientos y con las cuales se sentirían cómodos como pareja.

4. Tomen turnos para responder a las siguientes preguntas:

   ¿Cómo me siento cuando...

   ⇨ ...me haces un cumplido?

   ⇨ ...me sonríes?

   ⇨ ...te sacrificas por mí?

   ⇨ ...me buscas y me acaricias?

   ⇨ ...me dices que me amas?

   ⇨ ...me dices que te enorgulleces de mí?

APLICACIONES DESPUÉS DE LA CITA

➥ Sigan buscando maneras de hacerse cumplidos desde este momento hasta su próxima salida.

➥ Traten de reconocer los momentos en que empiecen a usar el modo de comunicación de enfrentamiento y desistan antes de que se intensifique el debate.

➥ Vean cuán a menudo pueden usar el modo de comunicación de compañerismo.

➥ Practiquen el uso de las palabras que expresan sentimientos para que su pareja pueda llegar a conocerles más a fondo.

EJERCICIO PARA LA SEGUNDA CITA

COMPARTAMOS NUESTROS VERDADEROS SENTIMIENTOS

1. ¿Cuáles son nuestros temas favoritos de conversación? (cosas sobre las cuales estamos normalmente de acuerdo y que promueven un buen intercambio).

2. ¿Cuáles son nuestros temas menos favoritos? (cosas sobre las cuales solemos discutir).

3. Hagan una lista de palabras que expresen sentimientos y con las cuales se sentirían cómodos como pareja.

4. Tomen turnos para responder a las siguientes preguntas:

   ¿Cómo me siento cuando...

   ◦ ...me haces un cumplido?

   ◦ ...me sonríes?

   ◦ ...te sacrificas por mí?

   ◦ ...me buscas y me acaricias?

   ◦ ...me dices que me amas?

   ◦ ...me dices que te enorgulleces de mí?

APLICACIONES DESPUÉS DE LA CITA

- Sigan buscando maneras de hacerse cumplidos desde este momento hasta su próxima salida.
- Traten de reconocer los momentos en que empiecen a usar el modo de comunicación de enfrentamiento y desistan antes de que se intensifique el debate.
- Vean cuán a menudo pueden usar el modo de comunicación de compañerismo.
- Practiquen el uso de las palabras que expresan sentimientos para que su pareja pueda llegar a conocerles más a fondo.

Tercera Cita

RESOLVER HONESTAMENTE LOS CONFLICTOS

PREPARACIÓN ANTES DE LA CITA

☞ Lean el Capítulo 3: «Resolver honestamente los conflictos». Completen las partes 1 y 2 del ejercicio de la cita número tres.

☞ Elijan un lugar que les permita hablar tranquilamente, quizá el departamento de un amigo o un restaurante más tranquilo. Hasta el zoológico podría resultar ideal para esta cita.

CONSEJOS PARA LA NOCHE DE LA CITA

☞ Continúen buscando nuevas formas de comprender internamente a su cónyuge. Este ejercicio puede crear nuevas oportunidades para el crecimiento y la intimidad en el matrimonio.

☞ Repasen juntos los consejos para la comunicación en las Reglas Básicas para sus Citas antes de empezar a realizar el ejercicio.

☞ Si surgen conflictos en la conversación, escríbanlos y guárdenlos para más tarde, ¡pero no traten de resolverlos durante esta cita!

RESUMEN DEL CAPÍTULO

*E*l amor y la ira establecen un delicado equilibrio en el matrimonio. El amor nos mantiene unidos y la ira nos guarda de perder nuestra autonomía y quedar atrapados. ¿Pero cómo podemos equilibrar estos dos aspectos? El especialista en matrimonio, Dr. David Mace, escribe en su libro *Amor y enojo en el matrimonio* que el mayor problema matrimonial no es la falta de comunicación, sino la falta de habilidad para manejar y procesar el enojo. ¿Cómo manejan ustedes su enojo? ¿Igual que nuestros modelos de amigos animales (páginas 46-48)? ¿Cómo les gustaría manejar su enojo? Tal vez usando la fórmula para revelar sus sentimientos (del capítulo 2) logren expresar las emociones negativas de una manera no agresiva. Una vez que ambos realmente entiendan cómo se sienten acerca de un problema específico, juntos podrán atravesar los cuatro pasos para resolverlo. Para hallar una resolución tendrán que usar el compromiso, la capitulación o la coexistencia. Si se estancan, lo mejor que pueden hacer es buscar ayuda. Sin embargo, en la mayoría de los casos, si están dispuestos a trabajar juntos, a atacar el problema y no el uno al otro, a procesar la ira y trabajar juntos para encontrar una solución, ¡de seguro la encontrarán! ¡Recuerden, mientras están aprendiendo a resolver los conflictos y procesar el enojo no conviene empezar con un tema demasiado emocional y volátil! Después de algunos éxitos, pueden pasar a tratar con otros problemas. Deben siempre alternar los momentos de resolver problemas con los momentos de diversión, y reafirmarse el uno al otro que están aprendiendo nuevas destrezas y construyendo un matrimonio lleno de vida!

EJERCICIO DE LA TERCERA CITA

PARTE 1 — USTED Y SUS AMIGOS DEL ZOOLÓGICO

Antes de salir con su pareja, identifíquense con alguno de los animales. Luego durante su cita comparen sus listas y los resultados. ¡Y recuerden, no tienen que vivir en el zoológico!

1. ¿Con el carácter de cuál animal se identifica más cada uno de ustedes dos al manejar los conflictos?

Determinen desde el más común (1) hasta el menos frecuente (5)

_____Tortuga – El que se retira
_____Zorrino – El luchador
_____Gorila – El vencedor
_____Camaleón – El que cede
_____Búho – El intelectualizador

Para dejar de imitar a nuestros amigos animales, acordemos firmar el siguiente contrato de enojo:

Nuestro contrato de enojo

1. Decidimos avisarnos el uno al otro cuando estemos empezando a enojarnos.
2. Decidimos no ventilar nuestra ira el uno con el otro.
3. Pediremos la ayuda del otro para resolver lo que sea que esté causando nuestra ira.

Firmado:_____ Firmado:_____

PARTE 2 — IDENTIFICANDO PROBLEMAS

De la cita número dos, bajo el punto «temas menos favoritos» (de los que ustedes suelen discutir), ¿cuáles provocaron la menor emoción? Apúntelos aquí:

1._____
2._____
3._____

Comparen su lista de problemas con la de su pareja. Juntos escojan un área (preferiblemente la menos emocional) que ustedes crean sería más fácil de resolver en comparación con otras que involucren emociones más profundas.

¡Recuerden usar la fórmula de los sentimientos mientras discuten el tópico, usando el modo de comunicación del compañerismo!

NOTA: *Si se encuentran usando un modo negativo y a esta altura tienen dificultades, pasen a la parte 4. Posteriormente podrán escoger un momento para repetir la parte 2 y afrontar la parte 3.*

PARTE 3 – RESOLVIENDO UN PROBLEMA

De la parte 2, escriban el problema que han escogido:
El problema que queremos resolver es:_____
En forma concisa, escriba cómo se siente USTED acerca del problema_____

Intercambien ejercicios y confirmen que verdaderamente comprenden cómo se siente su pareja. Luego estarán listos para comenzar el proceso de resolución. Recuerden las tres C: Compromiso, Capitulación y Coexistencia.

Sigan los siguientes cuatro pasos:

Primer Paso: Definir el problema.
Segundo Paso: Identifiquen quién tiene más necesidad de una solución y escuchen la contribución del otro al problema.
Tercer Paso: Sugieran soluciones alternativas.
Cuarto Paso: Seleccionen un plan de acción.

PARTE 4 – ¡A DIVERTIRSE!

¡Suficiente tarea para una cita! Al fin y al cabo, se supone que las salidas juntos son divertidas. ¡De camino a casa, deténganse para comprar helado, yogurt o su postre favorito! ¡Se lo merecen! Festejen el progreso que han hecho al poder hablar de temas delicados. Y si durante su salida descubren algunos temas muy delicados, no los discutan ahora. En lugar de eso, afírmense uno al otro que están en el proceso de desarrollar un sistema de comunicación que realmente funcione y aprendiendo a procesar la ira de una manera saludable.

APLICACIONES DESPUÉS DE LA CITA

- ❧ Sigan buscando maneras de expresar sus sentimientos sin atacarse el uno al otro o defenderse a ustedes mismos.
- ❧ Vean qué tan rápido pueden identificar cuándo están empleando un modo de comunicación de enfrentamiento, y lo más pronto que puedan pasen al modo de comunicación de compañerismo.
- ❧ Practiquen el uso de palabras que revelen sus sentimientos y úsenlas para sincerarse ante su cónyuge.
- ❧ ¡Cuando surjan problemas, estén seguros de comprender completamente los sentimientos de cada uno de ustedes antes de intentar encontrar una solución!

EJERCICIO DE LA TERCERA CITA

PARTE 1 — USTED Y SUS AMIGOS DEL ZOOLÓGICO

Antes de salir con su pareja, identifíquense con alguno de los animales. Luego durante su cita comparen sus listas y los resultados. ¡Y recuerden, no tienen que vivir en el zoológico!

1. ¿Con el carácter de cuál animal se identifica más cada uno de ustedes dos al manejar los conflictos?

Determinen desde el más común (1) hasta el menos frecuente (5)

_____Tortuga – El que se retira

_____Zorrino – El luchador

_____Gorila – El vencedor

_____Camaleón – El que cede

_____Búho – El intelectualizador

Para dejar de imitar a nuestros amigos animales, acordemos firmar el siguiente contrato de enojo:

Nuestro contrato de enojo

1. Decidimos avisarnos el uno al otro cuando estemos empezando a enojarnos.
2. Decidimos no ventilar nuestra ira el uno con el otro.
3. Pediremos la ayuda del otro para resolver lo que sea que esté causando nuestra ira.

Firmado:_____   Firmado:_____

PARTE 2 — IDENTIFICANDO PROBLEMAS

De la cita número dos, bajo el punto «temas menos favoritos» (de los que ustedes suelen discutir), ¿cuáles provocaron la menor emoción? Apúntelos aquí:

1._____

2._____

3._____

Comparen su lista de problemas con la de su pareja. Juntos escojan un área (preferiblemente la menos emocional) que ustedes crean sería más fácil de resolver en comparación con otras que involucren emociones más profundas.

¡Recuerden usar la fórmula de los sentimientos mientras discuten el tópico, usando el modo de comunicación del compañerismo!

NOTA: *Si se encuentran usando un modo negativo y a esta altura tienen dificultades, pasen a la parte 4. Posteriormente podrán escoger un momento para repetir la parte 2 y afrontar la parte 3.*

PARTE 3 – RESOLVIENDO UN PROBLEMA

De la parte 2, escriban el problema que han escogido:
El problema que queremos resolver es:_____
En forma concisa, escriba cómo se siente USTED acerca del problema_____

Intercambien ejercicios y confirmen que verdaderamente comprenden cómo se siente su pareja. Luego estarán listos para comenzar el proceso de resolución. Recuerden las tres C: Compromiso, Capitulación y Coexistencia.

Sigan los siguientes cuatro pasos:

Primer Paso: Definir el problema.
Segundo Paso: Identifiquen quién tiene más necesidad de una solución y escuchen la contribución del otro al problema.
Tercer Paso: Sugieran soluciones alternativas.
Cuarto Paso: Seleccionen un plan de acción.

PARTE 4 – ¡A DIVERTIRSE!

¡Suficiente tarea para una cita! Al fin y al cabo, se supone que las salidas juntos son divertidas. ¡De camino a casa, deténganse para comprar helado, yogurt o su postre favorito! ¡Se lo merecen! Festejen el progreso que han hecho al poder hablar de temas delicados. Y si durante su salida descubren algunos temas muy delicados, no los discutan ahora. En lugar de eso, afírmense uno al otro que están en el proceso de desarrollar un sistema de comunicación que realmente funcione y aprendiendo a procesar la ira de una manera saludable.

APLICACIONES DESPUÉS DE LA CITA

- ⇝ Sigan buscando maneras de expresar sus sentimientos sin atacarse el uno al otro o defenderse a ustedes mismos.
- ⇝ Vean qué tan rápido pueden identificar cuándo están empleando un modo de comunicación de enfrentamiento, y lo más pronto que puedan pasen al modo de comunicación de compañerismo.
- ⇝ Practiquen el uso de palabras que revelen sus sentimientos y úsenlas para sincerarse ante su cónyuge.
- ⇝ ¡Cuando surjan problemas, estén seguros de comprender completamente los sentimientos de cada uno de ustedes antes de intentar encontrar una solución!

Cuarta Cita

CONVERTIRSE EN UN MOTIVADOR

PREPARACIÓN ANTES DE LA CITA

- ⟜ Lean el Capítulo 4: «Convirtirse en un motivador». Completen el ejercicio de la cita número cuatro.
- ⟜ Escojan un lugar que les permita hablar. Esta puede ser una buena cita para combinarla con alguna actividad de la que disfruten; como una caminata, ir de pesca, jugar tenis, ir a nadar, o jugar a los bolos.

CONSEJOS PARA LA NOCHE DE LA CITA

- ⟜ Discutan el ejercicio, un punto a la vez.
- ⟜ Ya que el humor es tan importante, busquen maneras divertidas y usen el humor para hacer de esta una cita agradable. ¡Recopilen caricaturas divertidas y rían con su pareja!
- ⟜ ¡Esta debe ser una de las citas más fáciles, así que relájense y disfrútenla!

RESUMEN DEL CAPÍTULO

*A*ntes de casarnos, resulta fácil ver lo positivo en el otro. Pero una vez casados, las estrellas en nuestros ojos comienzan a desvanecerse y empezamos a percatarnos de las diferentes idiosincrasias de nuestra pareja. La realidad de vivir juntos crea tensión, y sin darnos cuenta es fácil enfocarnos en lo negativo en lugar de ver lo positivo. ¡Los psicólogos nos dicen que son necesarias por lo menos cinco declaraciones positivas para compensar una declaración negativa! Necesitamos desesperadamente desarrollar el hábito de buscar lo positivo de nuestra pareja y alentarnos el uno al otro. ¡Enfóquense en lo positivo! La cita número cuatro les indicará cómo elogiarse honestamente al describir en forma sincera lo que aprecian de su pareja. El mejor amigo de la motivación es el humor. Busquen formas de reírse juntos. Encontrarán que la risa alivia la tensión y es buena para la salud de su matrimonio.

EJERCICIO DE LA CUARTA CITA

CONVERTIRSE EN UN MOTIVADOR

Para ayudarles a desarrollar el hábito de motivar a su cónyuge, concéntrense en las formas de hacerle cumplidos sinceros a su pareja. Contesten las siguientes preguntas:

1. ¿Cómo le ha dado aliento su cónyuge en el pasado?
2. ¿Cómo quisieran que les aliente en el futuro?
3. ¿En qué áreas se sienten más fuertes y competentes?
4. ¿Hay algún área nueva que quisieran explorar? (Deportes, manualidades, escritura, cocina gourmet, pasatiempos, educación, etc.)
5. ¿Qué pueden hacer para motivar a su pareja a asumir un riesgo o intentar algo nuevo?

APLICACIONES DESPUÉS DE LA CITA

- Concéntrense, por lo menos durante un día, en asegurarse de que las declaraciones positivas que hagan acerca de su pareja sobrepasen a las negativas, siendo el promedio de cinco a uno.
- Sea cortés y aprecie los cumplidos de su pareja. Evite decir: «¡Ah, tenías que decir eso, ya que era nuestra tarea!»
- ¡Busquen el humor!

EJERCICIO DE LA CUARTA CITA

CONVERTIRSE EN UN MOTIVADOR

Para ayudarles a desarrollar el hábito de motivar a su cónyuge, concéntrense en las formas de hacerle cumplidos sinceros a su pareja. Contesten las siguientes preguntas:

1. ¿Cómo le ha dado aliento su cónyuge en el pasado?
2. ¿Cómo quisieran que les aliente en el futuro?
3. ¿En qué áreas se sienten más fuertes y competentes?
4. ¿Hay algún área nueva que quisieran explorar? (Deportes, manualidades, escritura, cocina gourmet, pasatiempos, educación, etc.)
5. ¿Qué pueden hacer para motivar a su pareja a asumir un riesgo o intentar algo nuevo?

APLICACIONES DESPUÉS DE LA CITA

- Concéntrense, por lo menos durante un día, en asegurarse de que las declaraciones positivas que hagan acerca de su pareja sobrepasen a las negativas, siendo el promedio de cinco a uno.
- Sea cortés y aprecie los cumplidos de su pareja. Evite decir: «¡Ah, tenías que decir eso, ya que era nuestra tarea!»
- ¡Busquen el humor!

Quinta Cita

ENCONTRAR UNIDAD EN LA DIVERSIDAD

PREPARACIÓN ANTES DE LA CITA

* Lean el Capítulo 5: «Encontrar unidad en la diversidad». Miren el ejercicio de la cita número cinco.
* Vayan a su lugar favorito. Nuevamente es mejor elegir un sitio donde puedan hablar en privado.

CONSEJOS PARA LA NOCHE DE LA CITA

* Mientras discuten el ejercicio «Equilibrando su balancín», concéntrense en las fortalezas de cada uno.
* Quizás quieran hacer una lista de sus fortalezas como pareja. Esto les ayudará a descubrir cómo suplir las deficiencias el uno del otro.

RESUMEN DEL CAPÍTULO

¿*C*uáles son sus «fortalezas como pareja»? Ustedes pueden descubrirlas al evaluar sus fortalezas y debilidades individuales y alentándose el uno al otro a lograr desempeñarse lo más posible dentro de aquellas áreas individuales de fortalezas. No son necesarios los exámenes sicológicos. Durante la cita número cinco tendrán la oportunidad de hablar sobre aquellas cosas en las que se parecen y de aquellas en las que son diferentes. Su meta como pareja debe ser la de construir un matrimonio fuerte al beneficiarse de las fortalezas del uno y del otro, y a la vez, apreciar las diferencias de cada uno. Lo que sucede a menudo cuando vemos las diferencias en nuestra pareja es que reaccionamos en forma negativa. Solemos estar tan preocupados con la perspectiva distinta de nuestra pareja que no podemos ver nuestra propia reacción inapropiada. Es posible que necesiten revisar de forma individual los cuatro pasos de cómo tratar con sus propias reacciones inapropiadas (páginas 86-88). Luego pueden trabajar juntos para lograr unidad en la diversidad. ¡Pueden construir una fuerte asociación matrimonial! Pueden tener un matrimonio pleno y lleno de vida.

EJERCICIO DE LA QUINTA CITA

EQUILIBRANDO SUS FORTALEZAS Y DEBILIDADES

¿Cómo están equilibrando su matrimonio en las siguientes áreas? Al mirar cada una de las líneas, discutan las siguientes preguntas:

1. Si somos semejantes, ¿cómo podemos compensarnos?
2. Si somos opuestos, ¿cómo podemos equilibrarnos?

Sentimientos   *Hechos*

Privado   *Público*

Espontáneo   *Organizador*

Activo y firme   *Despreocupado y tranquilo*

Noctámbulo   *Madrugador*

Puntual   *Impuntual*

APLICACIONES DESPUÉS DE LA CITA

- ☞ Busquen maneras en las que son diferentes y en las que se complementan el uno al otro.
- ☞ ¡En las áreas que son similares, busquen maneras en las que puedan compensarse!
- ☞ Si surgen pequeñas molestias en cuanto a sus diferencias, realicen de forma privada los cuatro pasos para tratar con sus propias reacciones inapropiadas (páginas 86-88).

EJERCICIO DE LA QUINTA CITA

EQUILIBRANDO SUS FORTALEZAS Y DEBILIDADES

¿Cómo están equilibrando su matrimonio en las siguientes áreas? Al mirar cada una de las líneas, discutan las siguientes preguntas:

1. Si somos semejantes, ¿cómo podemos compensarnos?
2. Si somos opuestos, ¿cómo podemos equilibrarnos?

Sentimientos   *Hechos*

Privado   *Público*

Espontáneo   *Organizador*

Activo y firme   *Despreocupado y tranquilo*

Noctámbulo   *Madrugador*

Puntual   *Impuntual*

APLICACIONES DESPUÉS DE LA CITA

⊷ Busquen maneras en las que son diferentes y en las que se complementan el uno al otro.

⊷ ¡En las áreas que son similares, busquen maneras en las que puedan compensarse!

⊷ Si surgen pequeñas molestias en cuanto a sus diferencias, realicen de forma privada los cuatro pasos para tratar con sus propias reacciones inapropiadas (páginas 86-88).

CONSTRUIR UNA VIDA AMOROSA CREATIVA

PREPARACIÓN ANTES DE LA CITA

- Lean el Capítulo 6: «Construir una vida amorosa creativa». Llenen la primera parte del ejercicio de la cita número seis.
- Si pueden planificarlo de antemano e ir a pasar la noche fuera para esta cita, ¡excelente! Si no lo pueden lograr, encuentren un lugar tranquilo donde sea posible estar a solas, tal vez el departamento vacío de un amigo.

CONSEJOS PARA LA NOCHE DE LA CITA

- Aunque esta cita suele ser por un gran margen la más popular, posiblemente sea la más difícil para hablar. Revisen el capítulo dos (especialmente la parte acerca de compartir sentimientos).
- Piensen en maneras de hacer de esta una cita romántica, tómense de las manos, den una caminata a la luz de la luna o bajo la lluvia.

RESUMEN DEL CAPÍTULO

*U*na relación sexual satisfactoria necesita tanta dedicación como la que se requiere para conseguir el éxito en cualquier otra área del matrimonio. Su vida sexual puede ser influenciada por las actitudes que ambos trajeron al matrimonio. En cada etapa del matrimonio enfrentamos diferentes desafíos para poder mantener viva la llama de nuestro amor. Como recién casados, el desafío es el de aprender, explorar, hablar de este tema, y concentrarse en el otro. ¡A lo largo del matrimonio, una relación sexual plenamente satisfactoria conlleva esfuerzo, comprensión y tiempo! Ambos deben sentirse en la libertad de tomar la iniciativa en sus relaciones íntimas. ¿Qué están haciendo para convertir su matrimonio en una aventura amorosa? Su vida sexual puede ser tan gratificante y excitante como ustedes lo deseen. Aunque tome tiempo y trabajo, ser un amante creativo vale la pena. Su vida amorosa puede ser mejor, más íntima y más maravillosa a medida que pasan los años. ¡Y el lugar para empezar es llevar a cabo la cita número seis!

EJERCICIO DE LA SEXTA CITA

PARTE 1 – REALIZAR EL EXAMEN DE ACTITUDES SEXUALES*

Marquen las declaraciones que apliquen en su caso. Anótense un punto por cada afirmación marcada.

_____Disfruto de mi relación sexual con mi pareja.

_____Creo que mi cónyuge también la disfruta.

_____Espero con ansias el próximo momento de intimidad física.

_____Mi pareja me dice que nuestra vida sexual le satisface.

_____Me encuentro satisfecho/a con nuestra vida sexual.

_____En ocasiones tomo la iniciativa para hacer el amor.

_____Planeo ocasiones para que estemos juntos solos.

_____Hemos tenido una salida de toda la noche (solos) en los últimos seis meses.

_____A menudo le digo a mi pareja que lo/la deseo.

_____Mi cónyuge me describiría como un/una amante tierno/a.

_____Estoy dispuesto/a a trabajar en aquellas áreas de nuestra relación sexual que necesitan mejorar.

RESULTADOS:

Si marcaron siete o más de las declaraciones, seguramente tienen una relación sexual razonablemente buena. Si tienen menos de siete puntos, no se desalienten.

¡Una autocrítica sincera y un esfuerzo real por modificar su actitud puede resultar en el cambio de su puntaje en muy poco tiempo!

Nota: En esta prueba puede incluso no marcar una de las declaraciones y aún tenr un «diez».

---

* La idea original de esta prueba provino de nuestra amiga Kathy Clarke, quien es madre, abuela, y también una amante creativa para su marido, Bill.

PARTE 2 – PLANEEN LA MEJOR ESCAPADA

Planifiquen su escapada al contestar a las siguientes preguntas:

1. ¿Dónde nos gustaría ir? Hagan una lista de posibles lugares y luego juntos elijan alguno.

2. ¿Cuándo podremos ir? Escriban posibles fechas para la escapada. Elijan una tentativa y anótenla en su calendario. (Tal vez quieran elegir otra fecha como alternativa por si las dudas).

3. ¿Con qué recursos contamos para nuestra escapada? Decidan si esta va a ser una escapada económica o de grandes gastos. Desarrollen un presupuesto y asignen fondos.

4. ¿Qué arreglos necesitamos hacer? Tomen en cuenta aspectos como el cuidado de los niños, de los animales, las reservaciones necesarias, tener las direcciones y mapas, preparar comida, alimentos que van a llevar, etc.

5. ¿Qué debemos llevar con nosotros? Hagan una lista para empacar lo que quieran llevar, como sus discos compactos con su música romántica favorita, velas (no se olviden de los fósforos), comestibles, ¡y nada de trabajo!

6. ¿Cuáles son algunas de las cosas que nos gustaría hacer y quizás otras de las que quisiéramos hablar durante el fin de semana? Hagan la lista adecuada.

APLICACIONES DESPUÉS DE LA CITA

- Busquen maneras de hacer de su matrimonio una aventura amorosa.
- Continúen con los planes iniciales para una escapada. ¡Aun veinticuatro horas fuera pueden hacer una gran diferencia!
- Determinen las pautas para su escapada:
  1. Nos mantendremos positivos.
  2. No hablaremos de nuestros hijos o del trabajo.
  3. Dejaremos el trabajo y las preocupaciones en casa.
  4. ¡Nos divertiremos!

EJERCICIO DE LA SEXTA CITA

PARTE 1 – REALIZAR EL EXAMEN DE ACTITUDES SEXUALES*

Marquen las declaraciones que apliquen en su caso. Anótense un punto por cada afirmación marcada.

_____Disfruto de mi relación sexual con mi pareja.

_____Creo que mi cónyuge también la disfruta.

_____Espero con ansias el próximo momento de intimidad física.

_____Mi pareja me dice que nuestra vida sexual le satisface.

_____Me encuentro satisfecho/a con nuestra vida sexual.

_____En ocasiones tomo la iniciativa para hacer el amor.

_____Planeo ocasiones para que estemos juntos solos.

_____Hemos tenido una salida de toda la noche (solos) en los últimos seis meses.

_____A menudo le digo a mi pareja que lo/la deseo.

_____Mi cónyuge me describiría como un/una amante tierno/a.

_____Estoy dispuesto/a a trabajar en aquellas áreas de nuestra relación sexual que necesitan mejorar.

RESULTADOS:

Si marcaron siete o más de las declaraciones, seguramente tienen una relación sexual razonablemente buena. Si tienen menos de siete puntos, no se desalienten.

¡Una autocrítica sincera y un esfuerzo real por modificar su actitud puede resultar en el cambio de su puntaje en muy poco tiempo!

Nota: En esta prueba puede incluso no marcar una de las declaraciones y aún tenr un «diez».

---

* La idea original de esta prueba provino de nuestra amiga Kathy Clarke, quien es madre, abuela, y también una amante creativa para su marido, Bill.

PARTE 2 – PLANEEN LA MEJOR ESCAPADA

Planifiquen su escapada al contestar a las siguientes preguntas:

1. ¿Dónde nos gustaría ir? Hagan una lista de posibles lugares y luego juntos elijan alguno.

2. ¿Cuándo podremos ir? Escriban posibles fechas para la escapada. Elijan una tentativa y anótenla en su calendario. (Tal vez quieran elegir otra fecha como alternativa por si las dudas).

3. ¿Con qué recursos contamos para nuestra escapada? Decidan si esta va a ser una escapada económica o de grandes gastos. Desarrollen un presupuesto y asignen fondos.

4. ¿Qué arreglos necesitamos hacer? Tomen en cuenta aspectos como el cuidado de los niños, de los animales, las reservaciones necesarias, tener las direcciones y mapas, preparar comida, alimentos que van a llevar, etc.

5. ¿Qué debemos llevar con nosotros? Hagan una lista para empacar lo que quieran llevar, como sus discos compactos con su música romántica favorita, velas (no se olviden de los fósforos), comestibles, ¡y nada de trabajo!

6. ¿Cuáles son algunas de las cosas que nos gustaría hacer y quizás otras de las que quisiéramos hablar durante el fin de semana? Hagan la lista adecuada.

APLICACIONES DESPUÉS DE LA CITA

- Busquen maneras de hacer de su matrimonio una aventura amorosa.
- Continúen con los planes iniciales para una escapada. ¡Aun veinticuatro horas fuera pueden hacer una gran diferencia!
- Determinen las pautas para su escapada:
    1. Nos mantendremos positivos.
    2. No hablaremos de nuestros hijos o del trabajo.
    3. Dejaremos el trabajo y las preocupaciones en casa.
    4. ¡Nos divertiremos!

Séptima Cita

COMPARTIR RESPONSABILIDADES Y TRABAJAR JUNTOS

PREPARACIÓN ANTES DE LA CITA

- ☞ Lean el Capítulo 7: «Compartir responsabilidades y trabajar juntos». Miren el ejercicio de la cita número siete
- ☞ Escojan un lugar donde puedan hablar. Tal vez quieran salir a cenar para que ninguno de los dos tenga que limpiar la cocina o lavar los platos.

CONSEJOS PARA LA NOCHE DE LA CITA

- ☞ ¡Esta cita no tiene que implicar trabajo! Concéntrense en encontrar un equilibrio.
- ☞ Ataquen a las obligaciones que tienen, no el uno al otro.
- ☞ Usen un intercambio de ideas creativo para encontrar soluciones útiles.
- ☞ Como recompensa, pídanse un postre.

RESUMEN DEL CAPÍTULO

«¿*N*o es tiempo de que alguien saque fuera la basura?» Es más que una pregunta común y corriente. Dividirse las tareas del hogar es un tema real y necesario para las parejas casadas, especialmente para aquellas que tratan de equilibrarlas con sus empleos fuera del hogar. Pueden empezar por evaluar sus responsabilidades actuales y hacer cualquier ajuste que sea necesario para traer mayor equilibrio y balance a sus vidas. También es útil definir y evaluar las metas financieras. Luego de elegir cuidadosamente su propio estilo de vida, es posible que descubran que cuando consideran más importante la calidad de vida, menos equivale a más. Aprovechen la cita número siete para analizar su situación y obligaciones actuales; evalúen la contribución que hace cada uno de ustedes en ambos problemas y las soluciones posibles para equilibrar la dificultad de tener dos empleos. ¡Es posible que descubran que trabajar con su pareja es una de las tareas más gratificantes! ¡Especialmente si hacen el esfuerzo juntos!

EJERCICIO DE LA SÉPTIMA CITA

PARTE 1 – EVALUAR Y EQUILIBRAR SUS RESPONSABILIDADES

1. Evalúen sus responsabilidades actuales:

   Enumeren sus responsabilidades fuera del hogar:
   Marido   Mujer
   ....
   ....
   ....
   ....
   ....

   Enumeren sus responsabilidades dentro del hogar:
   Marido   Mujer
   ....
   ....
   ....
   ....
   ....

2. Consideren cómo pueden equilibrar las responsabilidades del hogar:
   Enumeren todas las tareas y responsabilidades que tienen en el hogar, como por ejemplo preparar las comidas, limpiar la casa, lavar la ropa, ayudar a los niños con las tareas, cuidar del jardín, etc.

   Marido   Mujer
   ....
   ....
   ....
   ....
   ....

De la lista de arriba, elijan tres tareas que prefieran hacer:

Marido	Mujer
....	....
....	....
....	....
....	....
....	....

Realicen un intercambio de ideas para aquellas tareas que no estén en la lista de ninguno de los dos (recuerden las tres C: Compromiso, Capitulación y Coexistencia). En sus planes incluyan también a sus hijos. Elijan tareas para ellos de acuerdo a sus edades que les ayuden a aligerar la carga. Para más ayuda sobre tareas para los hijos, recomendamos el libro *Children Who Do Too Little* de Patricia Sprinkle (Zondervan).

Nuestro plan es: _____

_____

_____

PARTE 2 – MANEJAR LAS PRESIONES DEL TIEMPO

Contesten las siguientes preguntas para ayudarles a evaluar como están manejando las presiones del tiempo en su relación matrimonial:

1. ¿Me siento en control de mi tiempo?
2. ¿Trato de evitar sobrecargar mis responsabilidades?
3. ¿Pongo límites en mi trabajo?
4. ¿Duermo lo suficiente y tengo una dieta balanceada?
5. ¿Soy puntual cuando me reúno con mi cónyuge?
6. ¿Veo más de una hora la televisión por día?
7. ¿Tengo tiempo para los amigos y la familia?
8. ¿Tengo tiempo libre?
9. ¿Paso suficiente tiempo con mis hijos?
10. ¿Me queda un tiempo en privado para la reflexión y la meditación?

Hablen acerca de sus listas y discutan los cambios que necesitan hacer y cuáles de estos cambios son realizables.

APLICACIONES DESPUÉS DE LA CITA

- Monitoreen sus nuevos planes para trabajar juntos.
- Reconozcan a su pareja cuando lleve a cabo con éxito una nueva tarea.
- Probablemente quisieran elegir una pregunta cada día de la Parte 2, el ejercicio para manejar las presiones del tiempo, y luego conversar acerca de cómo se encuentran en esas áreas.
- Tengan la mente enfocada en que van a trabajar juntos. ¡Esto puede hacer una gran diferencia en su actitud y su perspectiva de la vida!

EJERCICIO DE LA SÉPTIMA CITA

PARTE 1 - EVALUAR Y EQUILIBRAR SUS RESPONSABILIDADES

1. Evalúen sus responsabilidades actuales:

    Enumeren sus responsabilidades fuera del hogar:
    Marido   Mujer
    ....
    ....
    ....
    ....
    ....

    Enumeren sus responsabilidades dentro del hogar:
    Marido   Mujer
    ....
    ....
    ....
    ....
    ....

2. Consideren cómo pueden equilibrar las responsabilidades del hogar:
    Enumeren todas las tareas y responsabilidades que tienen en el hogar, como por ejemplo preparar las comidas, limpiar la casa, lavar la ropa, ayudar a los niños con las tareas, cuidar del jardín, etc.

    Marido   Mujer
    ....
    ....
    ....
    ....
    ....

De la lista de arriba, elijan tres tareas que prefieran hacer:

Marido   Mujer

....

....

....

....

....

Realicen un intercambio de ideas para aquellas tareas que no estén en la lista de ninguno de los dos (recuerden las tres C: Compromiso, Capitulación y Coexistencia). En sus planes incluyan también a sus hijos. Elijan tareas para ellos de acuerdo a sus edades que les ayuden a aligerar la carga. Para más ayuda sobre tareas para los hijos, recomendamos el libro *Children Who Do Too Little* de Patricia Sprinkle (Zondervan).

Nuestro plan es: _____

_____

_____

PARTE 2 – MANEJAR LAS PRESIONES DEL TIEMPO

Contesten las siguientes preguntas para ayudarles a evaluar como están manejando las presiones del tiempo en su relación matrimonial:

1. ¿Me siento en control de mi tiempo?
2. ¿Trato de evitar sobrecargar mis responsabilidades?
3. ¿Pongo límites en mi trabajo?
4. ¿Duermo lo suficiente y tengo una dieta balanceada?
5. ¿Soy puntual cuando me reúno con mi cónyuge?
6. ¿Veo más de una hora la televisión por día?
7. ¿Tengo tiempo para los amigos y la familia?
8. ¿Tengo tiempo libre?
9. ¿Paso suficiente tiempo con mis hijos?
10. ¿Me queda un tiempo en privado para la reflexión y la meditación?

Hablen acerca de sus listas y discutan los cambios que necesitan hacer y cuáles de estos cambios son realizables.

APLICACIONES DESPUÉS DE LA CITA

- Monitoreen sus nuevos planes para trabajar juntos.
- Reconozcan a su pareja cuando lleve a cabo con éxito una nueva tarea.
- Probablemente quisieran elegir una pregunta cada día de la Parte 2, el ejercicio para manejar las presiones del tiempo, y luego conversar acerca de cómo se encuentran en esas áreas.
- Tengan la mente enfocada en que van a trabajar juntos. ¡Esto puede hacer una gran diferencia en su actitud y su perspectiva de la vida!

Octava Cita

BALANCEAR SUS ROLES COMO ESPOSOS Y PADRES

PREPARACIÓN ANTES DE LA CITA

- Lean el Capítulo 8: «Balancear sus roles como esposos y padres». Estén preparados para realizar el ejercicio de la cita número ocho.
- ¡Elijan un lugar donde puedan estar lejos de sus hijos! Quizás quieran hacer algo físico como dar una larga caminata.

CONSEJOS PARA LA NOCHE DE LA CITA

- ¡Recuerden que sus hijos crecerán y dejarán el hogar, pero su cónyuge estará allí toda la vida!
- Mantengan el enfoque en su matrimonio y en cómo los niños afectan su relación.
- Este no es el momento de tratar de resolver los problemas de sus hijos o hablar de disciplina, rendimiento escolar, o de la hora establecida para regresar a casa.
- ¡Hablen de los padres, esos son ustedes!

RESUMEN DEL CAPÍTULO

*E*nriquecer su matrimonio y a la vez criar a sus hijos no es contradictorio aunque así lo parezca. Su rol de pareja no tiene que competir con el rol que tienen como padres. ¡Como sea, equilibrar ambos roles requiere mucha habilidad y puede hacerles sentir cansados de solo pensar en ello! Algo que sirve de ayuda es el hecho de darnos cuenta de las maneras en que los hijos pueden enriquecer el matrimonio. Por ejemplo, ellos son un continuo recordatorio de que ustedes son uno; fomentan el trabajo en equipo y también la creatividad cuando ustedes tratan de encontrar tiempo para estar juntos;

observan su manera de comunicarse. Al mismo tiempo, cuando ustedes toman en serio el desafío de construir un matrimonio vivo y enriquecido, enriquecerán la vida y el futuro matrimonio de sus hijos. Ustedes son su modelo de cómo construir relaciones saludables. Ustedes les enseñan las aptitudes sociales de la vida y les transmiten tradiciones y valores. Durante la cita ocho, mientras hablan de cómo pueden equilibrar sus dos roles como pareja y como padres, recuerden que están transmitiendo la herencia de unas relaciones saludables a las futuras generaciones.

EJERCICIO DE LA CITA NÚMERO OCHO

PARTE 1 — CÓMO NUESTROS HIJOS ENRIQUECEN NUESTRO MATRIMONIO

Discutan las siguientes declaraciones y hagan una lista de aquellas que son una realidad en su matrimonio.

1. Los niños nos recuerdan que somos uno.
2. Los niños fomentan el trabajo en equipo.
3. Los niños promueven el reconocimiento.
4. Los niños promueven la creatividad.
5. Los niños vigilan nuestra forma de comunicación y nos mantienen siendo sinceros.
6. Los niños previenen el aburrimiento.
7. Los niños nos dan grandes recompensas.

PARTE 2 — CÓMO NUESTRO MATRIMONIO ENRIQUECE A NUESTROS HIJOS

Discutan las siguientes declaraciones y elaboren una lista de aquellas que son una realidad en su matrimonio.

1. Nosotros proveemos seguridad, amor y un sentido de pertenencia.
2. Nosotros modelamos relaciones sanas.
3. Nosotros proveemos orientación y guía.
4. Nosotros enseñamos aptitudes sociales para la vida.
5. Nosotros transmitimos tradiciones y valores.

PARTE 3 — PLAN DE FAMILIA (PARA PAREJAS CONSIDERANDO FORMAR UNA FAMILIA)

Discutan las siguientes preguntas:

1. ¿Cuántos hijos quiero tener?
2. ¿Cuál es el espacio de tiempo ideal entre los hijos?
3. ¿Cuáles son mis nombres favoritos? ¿Qué opino de los nombres familiares?
4. ¿Qué pienso acerca del cuidado de los niños?
5. ¿Cómo podemos a pesar de las dificultades encontrar tiempo para nosotros dos?
6. ¿Cuál es mi concepto de «compartir responsabilidades como padres»?

APLICACIONES DESPUÉS DE LA CITA

- Busquen las maneras positivas en que sus hijos impactan a su matrimonio.
- Busquen las maneras positivas en las que su matrimonio impacta a sus hijos.

EJERCICIO DE LA CITA NÚMERO OCHO

PARTE 1 — CÓMO NUESTROS HIJOS ENRIQUECEN NUESTRO MATRIMONIO

Discutan las siguientes declaraciones y hagan una lista de aquellas que son una realidad en su matrimonio.

1. Los niños nos recuerdan que somos uno.
2. Los niños fomentan el trabajo en equipo.
3. Los niños promueven el reconocimiento.
4. Los niños promueven la creatividad.
5. Los niños vigilan nuestra forma de comunicación y nos mantienen siendo sinceros.
6. Los niños previenen el aburrimiento.
7. Los niños nos dan grandes recompensas.

PARTE 2 — CÓMO NUESTRO MATRIMONIO ENRIQUECE A NUESTROS HIJOS

Discutan las siguientes declaraciones y elaboren una lista de aquellas que son una realidad en su matrimonio.

1. Nosotros proveemos seguridad, amor y un sentido de pertenencia.
2. Nosotros modelamos relaciones sanas.
3. Nosotros proveemos orientación y guía.
4. Nosotros enseñamos aptitudes sociales para la vida.
5. Nosotros transmitimos tradiciones y valores.

PARTE 3 — PLAN DE FAMILIA (PARA PAREJAS CONSIDERANDO FORMAR UNA FAMILIA)

Discutan las siguientes preguntas:

1. ¿Cuántos hijos quiero tener?
2. ¿Cuál es el espacio de tiempo ideal entre los hijos?
3. ¿Cuáles son mis nombres favoritos? ¿Qué opino de los nombres familiares?
4. ¿Qué pienso acerca del cuidado de los niños?
5. ¿Cómo podemos a pesar de las dificultades encontrar tiempo para nosotros dos?
6. ¿Cuál es mi concepto de «compartir responsabilidades como padres»?

APLICACIONES DESPUÉS DE LA CITA

⬳ Busquen las maneras positivas en que sus hijos impactan a su matrimonio.

⬳ Busquen las maneras positivas en las que su matrimonio impacta a sus hijos.

Novena Cita

DESARROLLAR UNA INTIMIDAD ESPIRITUAL

PREPARACIÓN ANTES DE LA CITA

- Lean el Capítulo 9: «Desarrollar una intimidad espiritual.» Vean el ejercicio de la cita número nueve.
- Escojan un lugar donde puedan reflexionar juntos tranquilamente. Tal vez quieran ir a una iglesia que esté abierta al público.

CONSEJOS PARA LA NOCHE DE LA CITA

- Si se encuentran en lugares diferentes en su viaje espiritual, sean sensibles y considerados el uno con el otro.
- Hablen de lo que tienen en común.
- Esta es una oportunidad para compartir profundamente sus más íntimos sentimientos. No es una ocasión para tratar de cambiar a su pareja.

RESUMEN DEL CAPÍTULO

*C*ompartir un sistema de creencias fundamentales y vivir estos valores en su matrimonio puede fomentar en ustedes un tipo de intimidad maravillosa, la intimidad espiritual. En primer lugar, es importante comprender su propio sistema de creencias fundamentales, que incluye sus valores, ética y creencias religiosas, y entonces encontrar los vínculos comunes de ambos como pareja. Estos elementos en común formarán el fundamento de su sistema compartido de creencias y son el trampolín para desarrollar una dimensión espiritual en su relación de pareja. La intimidad espiritual se manifiesta en el amor incondicional, la aceptación, el perdón, la oración y el servicio a otros.

EJERCICIO DE LA NOVENA CITA

DESARROLLAR UNA INTIMIDAD ESPIRITUAL

Discutan las siguientes preguntas:

1. Individualmente y como pareja, ¿dónde se encuentran en su peregrinaje espiritual?

2. ¿Cuáles son sus creencias fundamentales básicas?

3. ¿De qué manera viven a diario su intimidad espiritual?

4. ¿Qué pueden hacer para servir a otros?

APLICACIONES DESPUÉS DE LA CITA

- Juntos escriban una lista de sus creencias fundamentales compartidas.
- Escojan un libro sobre un tema relacionado con el crecimiento espiritual y comprométanse a leerlo juntos en el año próximo.

EJERCICIO DE LA NOVENA CITA

DESARROLLAR UNA INTIMIDAD ESPIRITUAL

Discutan las siguientes preguntas:

1. Individualmente y como pareja, ¿dónde se encuentran en su peregrinaje espiritual?

2. ¿Cuáles son sus creencias fundamentales básicas?

3. ¿De qué manera viven a diario su intimidad espiritual?

4. ¿Qué pueden hacer para servir a otros?

APLICACIONES DESPUÉS DE LA CITA

- Juntos escriban una lista de sus creencias fundamentales compartidas.
- Escojan un libro sobre un tema relacionado con el crecimiento espiritual y comprométanse a leerlo juntos en el año próximo.

Décima Cita

LOGRAR UN MATRIMONIO CON PROPÓSITO

PREPARACIÓN ANTES DE LA CITA

- ☞ Lean el Capítulo 10: «Lograr un matrimonio con propósito.» Realicen el ejercicio de la cita número diez.
- ☞ Escojan un lugar donde tengan acceso a una mesa. La biblioteca local podría ser un lugar divertido para esta cita. ¡Tendrán acceso a muchos recursos al planear su matrimonio con propósito!

CONSEJOS PARA LA NOCHE DE LA CITA

- ☞ Tómense su tiempo; no se apresuren en esta cita.
- ☞ Determinen por lo menos una meta que ambos quieran lograr, pero que no sea demasiado ambiciosa. Es mejor alcanzar una meta que tener diez que nunca se logren.

RESUMEN DEL CAPÍTULO

*P*ueden llegar a tener un matrimonio con propósito si revisan sus expectativas del pasado, evalúan su estilo actual de compromiso en el matrimonio y determinan metas para el futuro, siendo cuidadosos y monitoreando el progreso hacia esas metas. Un problema común en el matrimonio es el conflicto de necesidades, pero si no comprenden las necesidades de cada uno, no podrán tratar con ellas de manera adecuada. Probablemente ayude pensar acerca de las expectativas que trajeron a su matrimonio y decidir las que eran realistas y aquella que se han logrado alcanzar. ¿Cuál es su estilo de compromiso matrimonial? (Vea las páginas 142-44.) ¿Si cada uno de ustedes estuviera representado por un círculo individual, cuánto se superpondrían esos círculos? ¿Cuánto desean que sus vidas se superpongan? ¿Desean un compromiso mínimo, moderado o máximo? Los tres estilos de compromiso matrimonial pueden funcionar si ambos están de acuerdo en el grado de participación que desean. Una vez que entiendan sus expectativas y su deseo de compromiso, podrán fijar metas realistas para su matrimonio. Y luego, para alcanzar esas metas, contesten las tres preguntas: ¿Qué?, ¿Cómo? y ¿Cuándo? ¡La cita número diez les ayudará a convertir sus deseos y sueños para su matrimonio en una realidad!

EJERCICIO DE LA DÉCIMA CITA

PARTE 1 — ENCUESTA DE EXPECTATIVAS*

¿Cuáles son sus expectativas? ¿Por qué se casaron? ¿Qué es lo más importante para ustedes y su pareja? Tomemos siete áreas de expectativas en el matrimonio. Márquenlas en orden de importancia para ustedes (1 muy importante; 7 sin importancia). Luego vuelvan a leer la lista una vez más y marquen las áreas según la importancia que tienen para su pareja.

.... 1. **Seguridad** — El reconocimiento de una estabilidad en la relación y de un bienestar material y financiero.

.... 2. **Compañerismo** — Tener un amigo que comparta todas las alegrías y las penas de la vida con usted, un alma gemela; tener áreas de interés en común.

.... 3. **Sexo** — La unidad que se logra a través de la intimidad física en el matrimonio; tomar la iniciativa y gozar de una relación amorosa en crecimiento.

.... 4. **Entendimiento y ternura** – Experimentar regularmente las caricias, los besos, los gestos y las señales que nos dicen: «Te quiero», «Me importas», «Estoy pensando en ti».

.... 5. **Aliento** — Tener a alguien que verbalmente apoye y valore su trabajo y sus esfuerzos en su profesión, en el hogar, con los niños y demás.

.... 6. **Cercanía intelectual** — Discutir y crecer juntos en áreas comunes del pensamiento intelectual.

.... 7. **Actividades mutuas** — Compartir actividades (política, deportes, iglesia, trabajo, pasatiempos, etc.).

---

* La Encuesta de expectativas fue adaptada de: Mary Susan Miller, «What are your Expectations from Marriage?, *Family Life Today*, octubre de 1980, p. 19.

PARTE 2 — GRADOS DE COMPROMISO EN EL MATRIMONIO

MÍNIMO
A

MODERADO
B

MÁXIMO
C

1. ¿Dónde ubicarían a su matrimonio: en A, B o C?
2. ¿Qué grado de participación desearían tener en su matrimonio?
3. ¿Qué resulta realista para ustedes en esta etapa de su matrimonio?

PARTE 3 — ESTABLECER METAS REALISTAS

Para establecer metas realistas para su matrimonio, consideren las tres preguntas siguientes:

1. En la Parte 1 de este ejercicio, ¿cuánto difieren en sus expectativas? ¿Han identificado alguna expectativa que quisieran satisfacer?
2. En la Parte 2 de este ejercicio, ¿cuán comprometidos quieren estar el uno con el otro? ¿Qué estilo de matrimonio desean tener?
3. ¿Cómo pueden desarrollar un plan de acción para llegar a su meta?
   Enumeren las posibles metas:

   ....
   ....
   ....
   ....

Contesten las siguientes preguntas:
1. ¿QUÉ? (elijan una meta)
2. ¿CÓMO? (lo que harán para facilitar el logro de su meta)
3. ¿CUÁNDO? (escríbanla en su calendario o agenda)

APLICACIONES DESPUÉS DE LA CITA

- Sigan su nuevo plan para un matrimonio con propósito.
- Mantengan un diario de su matrimonio con propósito y monitoreen su progreso. Por ejemplo: «Hoy nos levantamos diez minutos antes para compartir ese tiempo como pareja. ¡Fue tan significativo que planeamos repetirlo mañana!»
- Sigan buscando lo positivo y elogiando a su pareja (esto ya debería ser un hábito).
- Continúen su hábito de tener citas. Algunas parejas se ponen de acuerdo para tener las mismas diez citas por lo menos una vez al año.
- Juntos hagan una lista de futuras citas que quieran tener. Un matrimonio lleno de vida se mantendrá vivo y saludable siempre y cuando lo cultiven.

EJERCICIO DE LA DÉCIMA CITA

PARTE 1 — ENCUESTA DE EXPECTATIVAS*

¿Cuáles son sus expectativas? ¿Por qué se casaron? ¿Qué es lo más importante para ustedes y su pareja? Tomemos siete áreas de expectativas en el matrimonio. Márquenlas en orden de importancia para ustedes (1 muy importante; 7 sin importancia). Luego vuelvan a leer la lista una vez más y marquen las áreas según la importancia que tienen para su pareja.

.... 1. **Seguridad** — El reconocimiento de una estabilidad en la relación y de un bienestar material y financiero.

.... 2. **Compañerismo** — Tener un amigo que comparta todas las alegrías y las penas de la vida con usted, un alma gemela; tener áreas de interés en común.

.... 3. **Sexo** — La unidad que se logra a través de la intimidad física en el matrimonio; tomar la iniciativa y gozar de una relación amorosa en crecimiento.

.... 4. **Entendimiento y ternura** – Experimentar regularmente las caricias, los besos, los gestos y las señales que nos dicen: «Te quiero», «Me importas», «Estoy pensando en ti».

.... 5. **Aliento** — Tener a alguien que verbalmente apoye y valore su trabajo y sus esfuerzos en su profesión, en el hogar, con los niños y demás.

.... 6. **Cercanía intelectual** — Discutir y crecer juntos en áreas comunes del pensamiento intelectual.

.... 7. **Actividades mutuas** — Compartir actividades (política, deportes, iglesia, trabajo, pasatiempos, etc.).

---

* La Encuesta de expectativas fue adaptada de: Mary Susan Miller, «What are your Expectations from Marriage?, *Family Life Today*, octubre de 1980, p. 19.

PARTE 2 — GRADOS DE COMPROMISO EN EL MATRIMONIO

MÍNIMO	MODERADO	MÁXIMO
A	B	C

1. ¿Dónde ubicarían a su matrimonio: en A, B o C?
2. ¿Qué grado de participación desearían tener en su matrimonio?
3. ¿Qué resulta realista para ustedes en esta etapa de su matrimonio?

PARTE 3 — ESTABLECER METAS REALISTAS

Para establecer metas realistas para su matrimonio, consideren las tres preguntas siguientes:

1. En la Parte 1 de este ejercicio, ¿cuánto difieren en sus expectativas? ¿Han identificado alguna expectativa que quisieran satisfacer?
2. En la Parte 2 de este ejercicio, ¿cuán comprometidos quieren estar el uno con el otro? ¿Qué estilo de matrimonio desean tener?
3. ¿Cómo pueden desarrollar un plan de acción para llegar a su meta?
   Enumeren las posibles metas:

   ....

   ....

   ....

   ....

Contesten las siguientes preguntas:
1. ¿QUÉ? (elijan una meta)
2. ¿CÓMO? (lo que harán para facilitar el logro de su meta)
3. ¿CUÁNDO? (escríbanla en su calendario o agenda)

APLICACIONES DESPUÉS DE LA CITA

- Sigan su nuevo plan para un matrimonio con propósito.
- Mantengan un diario de su matrimonio con propósito y monitoreen su progreso. Por ejemplo: «Hoy nos levantamos diez minutos antes para compartir ese tiempo como pareja. ¡Fue tan significativo que planeamos repetirlo mañana!»
- Sigan buscando lo positivo y elogiando a su pareja (esto ya debería ser un hábito).
- Continúen su hábito de tener citas. Algunas parejas se ponen de acuerdo para tener las mismas diez citas por lo menos una vez al año.
- Juntos hagan una lista de futuras citas que quieran tener. Un matrimonio lleno de vida se mantendrá vivo y saludable siempre y cuando lo cultiven.

Nos agradaría recibir noticias suyas.
Por favor, envíe sus comentarios sobre este libro
a la dirección que aparece a continuación.
Muchas gracias.

vida@zondervan.com
www.editorialvida.com